RESEARCH AND PRACTICE OF
HIGHWAY TOLL PRICING AND
DIFFERENTIATED CHARGING METHOD BASED ON ROAD NETWORK

基于路网的
高速公路通行费定价与差异化收费方法
研究及实践

浦 亮 袁茂存 耿 蕤 等◎著

人民交通出版社股份有限公司
北 京

内 容 提 要

本书全面梳理了国内外收费公路定价理论、定价方法、应用实例和应用效果，深入分析了我国高速公路通行费收费现状、收费公路管理制度改革方向和未来高速公路收费政策改革对高速公路收费费率制定的影响，系统论述了基于区域路网、兼顾成本与效率定价原则的含义，阐明了在该原则下费率制定和优化的基本原则和基本方法，研究探讨了基于区域路网的收费公路平行路段和分时段差别定价方法，提出了高速公路收费费率动态调整的计算方法和相关管理评估机制。

本书可作为高速公路管理人员、运营管理人员和相关研究人员的专业参考用书。

图书在版编目(CIP)数据

基于路网的高速公路通行费定价与差异化收费方法研究及实践/浦亮等著. —北京：人民交通出版社股份有限公司，2022.4

ISBN 978-7-114-17887-0

Ⅰ.①基…　Ⅱ.①浦…　Ⅲ.①高速公路—公路费用—征收—管理—中国　Ⅳ.①F542.5

中国版本图书馆 CIP 数据核字(2022)第 044508 号

Jiyu Luwang de Gaosu Gonglu Tongxingfei Dingjia yu Chayihua Shoufei Fangfa Yanjiu ji Shijian

书　　名：基于路网的高速公路通行费定价与差异化收费方法研究及实践
著 作 者：浦　亮　袁茂存　耿　彝　等
责任编辑：姚　旭
责任校对：赵媛媛
责任印制：刘高彤
出版发行：人民交通出版社股份有限公司
地　　址：(100011)北京市朝阳区安定门外外馆斜街 3 号
网　　址：http://www.ccpcl.com.cn
销售电话：(010)59757973
总 经 销：人民交通出版社股份有限公司发行部
经　　销：各地新华书店
印　　刷：北京建宏印刷有限公司
开　　本：720 × 960　1/16
印　　张：6.75
字　　数：118 千
版　　次：2022 年 4 月　第 1 版
印　　次：2022 年 4 月　第 1 次印刷
书　　号：ISBN 978-7-114-17887-0
定　　价：45.00 元

<<<<<< 编写组 >>>>>>

主　　编：浦　亮　袁茂存　耿　蕤

参　　编：（排名不分先后）

张学弛　杨　涵　王　洋　朱志强　虞明远

熊　琦　陈志宇　贾　毅　曹守华

PREFACE 前　　言

收费公路政策实现了公路基础设施投融资模式的改革与机制创新，有效缓解了财政资金严重不足与公路交通需求旺盛之间的突出矛盾，为我国高速公路发展注入了持续发展的强大动力。政策实施以来，我国高速公路发展取得了重大成就，为经济社会快速发展提供了基础支撑。

历经30多年的发展，我国高速公路运行和通行收费的内外环境已经发生了深刻变化：一是随着全国高速公路网的形成，高速公路已由分割式的路段管理逐渐转变为集中统一的路网管理；二是高速公路的发展阶段已经由建设为主，逐步转向了建设与运营养护管理并重时代；三是高速公路收费的政策目标由筹集建设资金的单一目标转向提供充分高效可持续的公路出行服务、提高路网运行效率与安全水平、减少负外部性的综合目标；四是在统筹"两个公路"（收费、收税）体系发展目标下，要求高速公路收费费率能积极促进收费公路与非收费公路网络的统筹协调发展。基于单一建设项目、以成本定价为主的收费公路定价模式已无法适应高速公路网络化运营和长期养护管理的客观需要，也将严重影响高速公路网的整体性、通行服务效率和用户体验。因此，高速公路通行费定价框架应实现由满足单一项目层次的成本定价向统筹区域路网层次的兼顾成本与效率定价过渡，同时亟须建立高速公路收费费率的动态评估和调整机制。

本书提出的基于区域路网的兼顾成本和效率的定价方法包括三层含义：基于路网的原则是指高速公路收费标准的制定和优化均以区域路网为基础进行分析和测算，从而实现区域路网统筹，以及整体路网的资源优化配置和财务可持续；成本原则是指高速公路的收费收入足够覆盖高速公路运营管理投入并可逐步偿还高速公路债务，从而有效控制高速公路的债务风险，确保高速公路行业的可持续发展；效率原则是指高速公路的收费标准能够更好地体现交通设施的供需关系，并通过在路网不同路径之间形成合理的比价关系和差异化的费率体系来调节交通流量分配，从而更好地发挥高速公路网络的整体效益。基于区域路网的兼顾成本和效率的定价方法，充分考虑了交通需求管理的需要和替代出行路径的竞争，以及由此产生的交通动态变化。

本书依据交通运输部战略规划政策研究项目"高速公路收费标准定价及动态

调整机制研究”和中央级公益性科研所基本科研业务费专项资金项目“收费公路差别定价方法与策略研究”的重点研究成果进行编写，案例取自交通运输部公路科学研究院承担的福建、江西、广东等省区市的实践，汇集了课题组长期以来对高速公路收费费率的研究和思考。期待本书的出版发行，能够对推进高速公路收费费率研究起到抛砖引玉的作用，期待能够与更多的工作者一起研究探讨，共同推进高速公路收费费率研究，为构建科学合理的高速公路网费率体系，更好地发挥高速公路网的整体效益和效能，促进经济社会跨越式发展发挥作用。

在相关研究项目开展及本书编写过程中，得到了交通运输部公路局、交通运输部公路科学研究院和相关省区市领导的指导和支持，交通运输部公路科学研究院发展研究中心收费费率研究创新团队的同事也给予了大力支持，在此一并表示感谢！

限于作者水平，书中不妥之处在所难免，恳请读者批评指正。

作　者

2022 年 1 月

CONTENTS 目　　录

1 我国高速公路通行费收费现状及高速公路发展对费率制定的要求

本章系统梳理国内高速公路的收费车型划分、收费系数、费率水平、费率减免政策，以及现行费率定价机制存在的主要问题；基于未来我国高速公路收费面临的社会、政策和技术环境，研判未来公路收费费率制定面临的要求。

1.1 我国高速公路收费费率现状及存在的问题

1.1.1 现行高速公路收费车型划分标准简述

为贯彻落实国务院部署，推进取消高速公路省界收费站工作，交通运输部委托交通运输部公路科学研究院对《收费公路车辆通行费车型分类》(JT/T 489—2003)进行修订。2019 年 5 月，《收费公路车辆通行费车型分类》(JT/T 489—2019)修订完成并由交通运输部正式颁布，于 2019 年 9 月 1 日起实施。

《收费公路车辆通行费车型分类》是高速公路收费车型划分的依据。根据《收费公路车辆通行费车型分类》(JT/T 489—2019)，收费公路车辆通行费车型分别按客车、货车和专项作业车三个系列分类。

1)客车

客车包括载客汽车和乘用车列车。客车分类依据公安机关交通管理部门机动车注册登记的车辆类型和核定载人数。收费公路车辆通行费客车车型分类见表 1-1。摩托车通行收费公路，按 1 类客车分类。

收费公路车辆通行费客车车型分类　　表 1-1

类　别	车辆类型	核定载人数(人)	说　明
1 类客车	微型小型	≤9	车长小于 6000mm 且核定载人数不大于 9 人的载客汽车

续上表

类　别	车辆类型	核定载人数（人）	说　明
2类客车	中型	10～19	车长小于6000mm且核定载人数为10～19人的载客汽车
	乘用车列车	—	—
3类客车	大型	≤39	车长不小于6000mm且核定载人数不大于39人的载客汽车
4类客车		≥40	车长不小于6000mm且核定载人数不小于40人的载客汽车

2)货车

货车包括载货汽车、货车列车和半挂汽车列车。其中,货车列车和半挂汽车列车,按牵引车和挂车合并进行车型分类。货车分类依据车辆总轴数以及车长和最大允许总质量。收费公路车辆通行费货车车型分类见表1-2。超过六轴的货车,根据车辆总轴数按照超限运输车辆执行。

收费公路车辆通行费货车车型分类　　表1-2

类　别	总轴数(含悬浮轴)	车长和最大允许总质量
1类货车	2	车长小于6000mm且最大允许总质量小于4500kg
2类货车	2	车长不小于6000mm或最大允许总质量不小于4500kg
3类货车	3	—
4类货车	4	
5类货车	5	
6类货车	6	

3)专项作业车

专项作业车指装置有专用设备或器具,在设计和制造上用于工程专项(包括卫生医疗)作业的汽车,如汽车起重机、消防车、混凝土泵车、清障车、高空作业车、扫路车、吸污车、钻机车、仪器车、检测车、监测车、电源车、通信车、电视车、采血车、医疗车、体检医疗车等,但不包括装置有专用设备或器具而座位数(包括驾驶员座位)超过9个的汽车(消防车除外)。

专项作业车分类依据总轴数以及车长和最大允许总质量。收费公路车辆通行费专项作业车车型分类见表1-3。

收费公路车辆通行费专项作业车车型分类　　表1-3

类　别	总轴数(含悬浮轴)	车长和最大允许总质量
1类专项作业车	2	车长小于6000mm且最大允许总质量小于4500kg

续上表

类　别	总轴数(含悬浮轴)	车长和最大允许总质量
2 类专项作业车	2	车长不小于 6000mm 或最大允许总质量不小于 4500kg
3 类专项作业车	3	—
4 类专项作业车	4	
5 类专项作业车	5	
6 类专项作业车	≥6	

4)现行收费车型分类与货车超限超载限值的关系

根据交通运输部、工业和信息化部、公安部、工商总局、质检总局《关于进一步做好货车非法改装和超限超载治理工作的意见》(交公路发〔2016〕124 号),交通运输部办公厅、公安部办公厅《关于印发整治公路货车违法超限超载行为专项行动方案的通知》(交办公路〔2016〕109 号),交通运输部《关于修改〈超限运输车辆行驶公路管理规定〉的决定》(交通运输部令 2021 年第 12 号),《收费公路车辆通行费车型分类》(JT/T 489—2019)中第 2、3、4、5、6 类货车的最大车货总质量限值分别为 18t、27t、36t、43t、49t,第 1 类货车的车货总质量不应超过其行驶证标明的最大允许总质量(其最大值小于 4.5t)。货车收费车型及总质量限值对比见表 1-4。

货车收费车型及总质量限值对比　　表 1-4

货车收费车型	最大车货总质量限值(t)	该车型总质量限值/1 类货车总质量限值	该车型总质量限值增量/1 类货车总质量限值
1 类货车	4.5	1.0	—
2 类货车	18	4.0	3.0
3 类货车	27	6.0	2.0
4 类货车	36	8.0	2.0
5 类货车	43	9.6	1.6
6 类货车	49	10.9	1.3

1.1.2 国内高速公路收费费率对比分析

1)客车收费费率对比分析

1 类客车加权平均费率:2018 年,全国高速公路 1 类客车加权平均费率为 0.474 元/(车·km)。同期,全国高速公路 1 类客车收费费率最低的省区市依次为

宁夏、新疆、山西、甘肃、内蒙古，上述省区市高速公路的1类客车加权平均费率均在0.400元/(车·km)以下。全国高速公路1类客车收费费率最高的省区市依次为上海、贵州、福建、湖北、重庆，上述省区市高速公路的1类客车加权平均费率均在0.580元/(车·km)以上。各省区市高速公路1类客车加权平均费率对比见表1-5。

各区市高速公路1类客车加权平均费率对比表 表1-5

(2016—2018年)[单位:元/(车·km)]

省区市	2016 年	2017 年	2018 年
北京	0.485	0.485	0.484
天津	0.524	0.525	0.525
河北	0.413	0.413	0.417
山西	0.362	0.362	0.362
内蒙古	0.392	0.397	0.399
辽宁	0.450	0.450	0.450
吉林	0.451	0.450	0.450
黑龙江	0.450	0.450	0.450
上海	0.600	0.651	0.651
江苏	0.464	0.478	0.479
浙江	0.404	0.449	0.442
安徽	0.452	0.454	0.454
福建	0.578	0.584	0.585
江西	0.450	0.450	0.450
山东	0.400	0.407	0.410
河南	0.479	0.479	0.479
湖北	0.573	0.584	0.585
湖南	0.470	0.466	0.467
广东	0.533	0.531	0.562
广西	0.461	0.468	0.474
重庆	0.575	0.580	0.580
四川	0.462	0.460	0.466
贵州	0.635	0.642	0.649
云南	0.493	0.497	0.496
陕西	0.539	0.540	0.542

续上表

省区市	2016　年	2017　年	2018　年
甘肃	0.377	0.377	0.379
青海	0.388	0.411	0.411
宁夏	0.300	0.300	0.300
新疆	0.309	0.330	0.326
全国平均	0.466	0.473	0.474

客车车型收费系数：目前，全国大多数省区市高速公路对同一客车收费车型采用统一的收费系数。2018 年，高速公路 2 类客车的收费系数分布较为集中，大多处于 1.5 ~2.0 之间；3 类客车的收费系数基本处于 2.0 ~3.0 之间；4 类客车的收费系数基本处于 2.5 ~4.0 之间。各省区市高速公路客车车型收费系数汇总见表 1-6。

各省区市高速公路客车车型收费系数汇总表(2018 年)　　表 1-6

省区市	1 类客车	2 类客车	3 类客车	4 类客车
北京	1	2	3	3.6
天津	1	1.73	2.82	3.18
河北	1	1.75 ~2	2.75 ~3	3.3 ~3.6
山西	1	1.33 ~1.62	2.1 ~2.64	3.83 ~3.96
内蒙古	1	1	1.25	1.75
辽宁	1	1.78	2.56	3.22
吉林	1	1.78	2.44	3.22
黑龙江	1	1.78	2.44	3.22
上海	1	1	1.5	1.5
江苏	1	1.5	2	2
浙江	1	1	1.78	2.67
安徽	1	1.78	2.44	2.89
福建	1	2	2.8	3
江西	1	1.78	2.56	3.33
山东	1	1.25	1.5	1.88
河南	1	1.56	2.89	3.67
湖北	1	1.5	2	2.5
湖南	1	1.6 ~1.75	2.2 ~2.5	2.6 ~3

续上表

省区市	1类客车	2类客车	3类客车	4类客车
广东	1	1.5	2	3
广西	1	1.6~2	2.4~3	2.88~3.6
重庆	1	2	3	4
四川	1	2	3	4
贵州	1	1.5	2	3.5
云南	1	1.8	2.5	3.5
陕西	1	1.75	2.25	2.8
甘肃	1	1.45~1.5	2.17~2.27	2.67~2.91
青海	1	1.33	2	2.67
宁夏	1	1.67	2.33	2.83
新疆	1	1.5	2	3.6

2）货车收费费率对比分析

2018年5月，国务院常务会议部署了“推动取消高速公路省界收费站”的工作任务，该项措施可进一步提升高速公路服务能力和水平，促进物流降本增效，更好地服务经济社会发展和人民群众安全便捷出行。为贯彻落实党中央、国务院决策部署，国务院办公厅于2019年5月印发了《深化收费公路制度改革取消高速公路省界收费站实施方案》，方案要求修订《收费公路车辆通行费车型分类》标准，调整货车通行费计费方式，从2020年1月1日起，统一按车（轴）型收费，并确保不增加货车通行费总体负担。随后，交通运输部、国家发展改革委、财政部联合印发了《关于切实做好高速公路货车通行费计费方式调整有关工作的通知》（交公路发〔2019〕93号），通知要求“按照《收费公路管理条例》的规定，重新核定车辆通行费收费标准，报省级人民政府批准后发布，并报交通运输部备案。要确保在相同交通流量条件下，不增加货车通行费总体负担，确保每一类收费车型在标准装载状态下的应交通行费额均不大于原计重收费的应交通行费额。结合本地区实际，对六轴以上货车，在六轴货车收费系数的基础上，按每增加一轴增加一定收费系数的方法，制定合理的收费系数，确保标准装载的大件运输车辆不因计费方式调整而增加通行费费用。”

截至2020年5月，各省区市已基本完成货车按车（轴）型收费费率的制定和调整工作。各省区市货车按车（轴）型收费费率实测数据汇总见表1-7。

各省区市高速公路货车按车(轴)型加权收费费率 表 1-7

(2020 年 5 月实测数据汇总)

省区市	货车车型收费费率[元/(车·km)]					
	1 类货车	2 类货车	3 类货车	4 类货车	5 类货车	6 类货车
北京	—	—	—	—	—	—
天津	0.500	0.860	1.430	1.660	1.730	1.900
河北	0.344	0.888	1.211	1.457	1.543	1.839
山西	0.430	0.900	1.420	1.970	2.180	2.790
内蒙古	0.330	0.375	1.047	1.472	1.662	2.119
辽宁	0.432	0.891	1.193	1.551	1.692	1.751
吉林	0.450	0.790	1.140	1.570	1.720	2.060
黑龙江	0.350	0.610	0.800	1.070	1.200	1.500
上海	0.737	1.146	1.335	1.517	1.577	0.656
江苏	0.427	0.928	1.282	1.715	1.751	2.090
浙江	0.499	0.890	1.339	1.643	1.587	1.682
安徽	0.463	0.913	1.355	1.705	1.854	2.203
福建	0.429	0.981	1.352	1.764	2.020	2.299
江西	0.427	0.956	1.417	1.864	1.997	2.310
山东	0.439	0.794	1.214	1.608	1.666	2.261
河南	0.475	0.829	1.470	1.792	1.943	2.526
湖北	0.497	0.613	1.212	2.062	2.373	2.952
湖南	0.449	0.803	1.307	1.719	1.905	2.178
广东	0.450	0.898	1.351	1.603	1.650	1.731
广西	0.418	0.748	1.247	1.583	1.846	2.289
重庆	0.476	0.700	1.370	1.801	2.252	2.490
四川	0.478	0.818	1.479	2.136	2.462	2.804
贵州	0.609	0.954	2.017	2.431	2.968	4.075
云南	0.486	1.034	1.755	2.164	2.395	3.090
陕西	0.461	0.738	1.332	1.533	1.644	1.903
甘肃	0.564	0.861	1.337	1.666	1.849	2.015
青海	0.436	0.556	0.754	0.912	0.985	1.107
宁夏	0.317	0.503	0.703	0.851	—	1.001

续上表

省区市	货车车型收费费率[元/(车·km)]					
	1类货车	2类货车	3类货车	4类货车	5类货车	6类货车
新疆	0.301	0.579	1.101	1.472	1.694	2.397
全国	0.454	0.860	1.341	1.744	1.813	2.210

注:表中不含按车次收费的高速公路项目。

经测算,全国高速公路1类、2类、3类、4类、5类、6类货车按车(轴)型加权收费费率分别为0.454元/(车·km)、0.860元/(车·km)、1.341元/(车·km)、1.744元/(车·km)、1.813元/(车·km)、2.210元/(车·km)、3.034元/(车·km)。各省区市高速公路货车按车(轴)型加权收费费率存在较大差异。

1.1.3 国内高速公路收费减免政策和差异化收费实施情况

1)国家层面的通行费减免政策

目前,国家层面的车辆通行费减免政策主要针对运输鲜活农产品的绿色通道车辆、节假日期间的小客车和电子不停车收费系统(ETC)车辆三类。

全国高效率鲜活农产品流通"绿色通道"建设始于1995年,2005年扩大为"五纵两横"干线公路网络,2010年起进一步扩大为全国范围内的收费公路。"绿色通道"政策对整车合法运输鲜活农产品车辆给予减免通行费优惠,鲜活农产品主要包括新鲜蔬菜、水果,鲜活水产品,活的畜禽,新鲜的肉、蛋、奶等。

2012年8月,国务院发布《关于批转交通运输部等部门重大节假日免收小型客车通行费实施方案的通知》(国发〔2012〕37号),决定在春节、清明节、劳动节、国庆节等四个国家法定节假日,以及当年国务院办公厅文件确定的上述法定节假日连休日期间,对行驶收费公路的7座以下(含7座)载客车辆免收通行费。

2011年,交通运输部、国家发展改革委、财政部联合印发《关于促进高速公路应用联网电子不停车收费技术的若干意见》(交公路发〔2010〕726号),明确收费公路对ETC用户给予通行费优惠,优惠幅度原则上不少于5%。2019年,《国家发展改革委、交通运输部关于印发〈加快推进高速公路电子不停车快捷收费应用服务实施方案〉的通知》(发改基础〔2019〕935号)规定,给予ETC车辆不少于5%的通行费优惠,对通行本区域的ETC车辆实行无差别基本优惠政策。自2020年1月1日起,除国务院另有规定外,各类通行费减免等优惠政策均依托ETC实现。

2)各省区市收费公路差异化费率实施情况

在国家层面出台通行费减免政策前后,部分省区市也陆续开始以针对本地车辆、竞争性路径、新能源货车和集装箱车辆实施费率优惠等形式进行差异化费率的尝试。

2017 年 8 月,在交通运输部的统一部署下,山西、浙江、河南、湖南等省区市积极有序地开展了高速公路差异化收费试点工作,取得明显成效。2018 年,交通运输部办公厅印发《关于扩大高速公路差异化收费试点工作的指导意见》(交办公路〔2018〕47 号),高速公路差异化收费在全国全面推开,差异化收费以交通量分时段差异明显路段、交通量差异较大相邻平行路段、交通量明显低于设计能力路段、重点区域高速公路网分车型试点为重点,探索省际区域联动差异化收费和路况服务质量与收费标准挂钩,旨在达到路网运行效率明显提升,货车运输成本有效降低,公路投资者合法权益得到保障的多方共赢效果。

根据交通运输部统计,截至 2019 年 8 月,各省区市出台地方性收费公路车辆通行费优惠政策共254 项,主要包括 ETC 普惠、特定路段优惠、特定时段优惠、特定出入口优惠、国际标准集装箱优惠、政府购买服务、年票月票包交、递远递减优惠、累计里程优惠、民族节日优惠、指定车型普惠等种类。交通运输部公路局、路网中心根据取消高速公路省界收费站、深化收费公路制度改革的政策要求,对上述地方性收费公路车辆通行费优惠政策进行了审核和规范,建议取消其中对特定货物(化肥、玻璃、秸秆)或驾乘人员(院士、本籍车辆、当地农牧民、中越边境自卫还击作战退伍军人和烈士家属)的优惠,没有法律、行政法规依据对特定车辆(救护车、邮政车、公交车、公务车)的优惠,对参加特定活动车辆的优惠,出口收费站排队免费放行,对特定市场主体(特定客货运输企业、特定港口、特定景区等)的优惠,ETC 单卡用户非现金支付优惠等六大类优惠措施。

1.1.4 国内高速公路通行费定价机制存在的主要问题

1984 年,国务院确立以“贷款修路、收费还贷”为核心的收费公路政策,有效缓解了财政资金严重不足与公路交通需求旺盛的突出矛盾,在促进我国公路交通建设和国民经济及社会健康发展过程中发挥了巨大作用。但随着我国高速公路步入保障路网高效运行和可持续发展,为公众提供高效率、高品质出行服务,支撑交通强国发展战略和满足人民日益增长美好生活需要的新阶段,收费公路政策存在的一些问题已日益成为未来交通运输可持续发展的桎梏,迫切需要加以解决。

收费费率作为收费公路制度设计的核心,是调节交通供需矛盾最直接、最有效的手段。目前,我国高速公路通行费定价机制存在的问题主要表现为尚未确立基于区域路网的科学定价方法和收费费率的动态评估调整机制。

随着高速公路网络的不断完善,特别是全国高速公路实现不停车联网收费,高速公路已由早期的分割式路段管理发展为集中统一的路网管理。而以路段为单位,依据其财务成本、级差效益和社会负担度确定收费费率的定价方法,已不能适应提升高速公路网的整体功能和通行服务质量的要求,难以满足高速公路成网条件下区域交通需求管理和调节路网流量的需要,与高速公路网络化运营需要之间的矛盾越来越突出。

伴随高速公路的超常规、跨越式发展,高速公路的建设、养护、运营管理成本和债务规模持续增加,而由于缺乏收费费率的动态评估调整机制,大多数高速公路仍维持其建成初期的收费标准,加之现行收费公路政策缺乏有效的价格调整、收益调节和财政补贴机制,导致高速公路收入与成本严重倒挂,债务风险持续积累,相当数量的高速公路项目难以取得投资回报,甚至无法收回投资。

确立基于区域路网的科学定价方法可以避免依据单一项目成本定价造成的交通量与建设成本倒挂、路网交通流量时间空间分配不合理等问题,使高速公路通行费费率更加真实地反映出行过程的社会成本和高速公路为使用者提供的高效率出行服务,契合高速公路收费目的多元化和收费公路政策调整方向。构建高速公路收费费率动态评估调整机制可以使收费费率及时反映出养护运营成本、利率、物价的变化情况,避免费率与成本倒挂累积,造成高速公路运营和债务压力,有效防控高速公路领域发生系统性、全局性风险。

1.2 我国高速公路发展对收费费率制定的要求

1.2.1 收费费率的定价框架调整

收费费率的定价框架应实现由满足单一项目层次的成本定价向统筹区域路网层次的兼顾成本与效率定价过渡。

早期,我国收费公路的费率大多是基于单一项目的财务成本确定,但随着收费公路规模的不断扩大,以单一路段为单位的筹资管理模式已越来越难以适应区域路网管理的需要。因此,以区域为单位的收费公路“统贷统还”管理模式应运而生。2004

年版《收费公路管理条例》中也以“省、自治区、直辖市人民政府交通主管部门对本行政区域内的政府还贷公路,可以实行统一管理、统一贷款、统一还款”的表述对此模式加以确认。尽管如此,由于统贷统还的模式在一定程度上突破了早期通行费以单个项目为单位专款专用的限制,相关法规和配套政策仍较其滞后,从而造成了当前收费公路的定价框架并未完全由单一项目层次过渡到统筹区域路网层面的问题。

从定价层次的角度来看,随着经济的快速发展和机动化水平的不断提高,很多高速公路路段已经出现经常性的拥堵现象,而高速公路的加密成网,又使高速公路局部路段、节点的拥堵极易扩散为网络性的管理难题。与此同时,部分高速公路由于开通时间较短、费率不合理等因素,交通量较小,致使部分干线公路资源未能充分利用,路网效能未能充分发挥。正是上述区域路网交通流量在时空分布上的不均衡性,要求收费费率必须基于区域路网的定价框架,在综合考虑其对区域路网交通流量影响的基础上加以确定。燃油税改革后,以区域为单位的转移支付制度也剥离了公路使用成本与特定路段之间的联系,为建立基于区域路网的公路养护资金投入机制奠定了基础。在此背景下,收费费率也应逐步过渡到根据区域通行费收入专款专用的原则,以满足区域路网持续性的运营养护资金需求。

从定价原则的角度来看,基于区域路网、兼顾成本与效率的定价可以避免依据单一项目成本定价造成的交通量与建设成本倒挂、路网交通流量时间空间分配不合理等问题,使高速公路费率更加真实地反映出行过程的社会成本和高速公路为使用者提供的高效率出行服务,与高速公路收费目的多元化和收费公路制度设计调整方向相契合,是对目前高速公路成本定价方法的优化和改进。

综上可知,未来收费公路费率的定价框架应实现由满足单一项目层次的成本定价向统筹区域路网层次的兼顾成本与效率定价过渡,统筹区域路网并非不考虑单一项目的财务成本,而是要将具体项目的收费费率纳入基于区域路网的定价框架加以综合确定,以实现区域路网整体效益的最优化。

1.2.2 收费费率调整

收费费率应针对不同路段、车型、时段构建差异化的费率体系。

在收费公路政策实施之初,国内高速公路路网尚未形成,收费公路费率标准主要依据单个公路项目建设运营的财务需求确定,较少考虑其收费费率对区域路网交通流量的影响。随着我国经济的快速发展和机动化水平的提升,不断提高的出行服务需求和日益加大的服务保障压力要求收费公路在确定收费费率时更多兼顾区域路网交通需求管理、流量调节的需要,也要求收费公路能够结合自身实际,针

对不同路段、车型、时段制定差异化的收费费率，以更好发挥高速公路网的整体效益和效能。

同时，收费费率的确定应坚持公益性的价值取向，在兼顾公路建设运营财务需要的基础上促成出行和物流成本的降低。

建设以高等级公路为主体的收费公路体系的初衷是为了满足路网各重要节点之间大运量、高强度的交通需求。因此，收费费率在兼顾公路建设运营财务需求的基础上，必须促成相关节点之间出行和物流成本的降低，唯有如此才能实现收费公路体系建设的意义和最根本的经济社会效益。

收费公路体系由高等级公路组成，而高等级公路本身就可以节约运输时间，降低运输成本（根据相关资料的统计，高速公路的单位运输成本比普通公路约低30%，高速公路的运输时间比普通公路节省50%以上，高速公路的事故率比普通公路约低40%）。

尽管如此，收费公路作为交通基础设施，公益性仍是其基本属性之一，这就要求收费公路费率的确定始终坚持公益性的价值取向。对政府还贷收费公路而言，其费率应以保本为原则，依据建设养护资金需求和融资成本等因素综合确定；对经营性收费公路而言，其费率应以保本微利为原则，合理确定投资回报率，使经营方的盈利水平与其他公用事业的盈利水平大体相当；对区域收费公路网络而言，其整体费率水平应在满足公路建设运营财务需要的基础上，促成区域综合出行、物流成本的降低。

2 国外高速公路收费费率现状及启示

本章整理总结发达国家高速公路收费费率现状，分析区域统筹费率、差异化费率、费率动态调整机制的应用实例和应用效果。

2.1 欧美国家高速公路收费费率现状及启示

2.1.1 欧洲国家高速公路特许经营制度的价格机制设计

在欧美国家中，美国、英国及英联邦主要国家交通基础设施完善，但其建设运营费用主要为国家和地方的公共财政支出或道路使用者所缴纳的燃油税，因此高速公路的收费里程规模并不大。法国、意大利和西班牙的高速公路规模较大，收费里程的比例也较高。法国、意大利收费公路发展起步较早，也是欧洲收费公路特许经营制度最为成熟的国家。下文以法国收费公路特许经营制度设计为例，介绍欧洲国家高速公路的定价方法、区域统筹和调价机制。

截至2016年底，法国收费公路里程为9137.2km，其中，收费高速公路为9067.5km，收费桥梁隧道为9座/69.7km。收费里程约占高速公路总里程的82%，公路总里程的0.9%。

法国收费公路的主管机关为生态与转型发展部基础设施、运输和海洋总局(DGITM)下属的交通基础设施局(DIT)。该局下属的特许经营高速公路管理部负责全国特许经营高速公路的委托和监管工作。

截至2016年底，法国高速公路特许经营企业共有16家，其中，最主要的4家高速公路特许经营企业是ASF、APRR、SANEF、COFIROUTE，上述4家企业运营的高速公路里程占高速公路收费里程的78%。

1)价格管理的法律框架

法国高速公路特许经营的法律依据是《道路法》。根据该法，公路的使用在原则上是免费的，只可以收取国家高速公路和地方道路中桥梁隧道的通行费，收费依

据特许经营合同实施。

根据法律要求,政府与特许经营企业分别签订长期的特许经营合同和为期5年的业务合同。特许经营合同一般由合同文本(特许经营的基本依据,包括特许经营的路段区间、特许经营企业的权利和义务等)、规范(规定特许经营的详细内容和要求,包括特许经营的范围和期限、建设运营管理要求、通行费率、期满后高速公路设施的交付等)、附属资料等。业务合同规定在每个经营期间(5年)内国家和特许经营企业在高速公路投资、收费、财政、运营、服务水平等方面的目标和责任。

特许经营企业根据上述合同负责一定区域内高速公路的建设和运营维护,通过收取通行费偿还建设债务和满足运营管理资金需求。特许经营期限到期后,高速公路资产收归国有。特许经营企业运营的高速公路必须保证提供比非收费公路更高的服务水平。通行费收入只能用于收费公路的相关支出。特许经营企业的利润应处于合理范围内(不应超过8%),为此法国设立了独立的铁路和公路活动监管机构(ARAFER)核算铁路和公路企业的盈利水平。高速公路收费标准向社会公开,特许经营企业向政府(无须向社会)公开经营情况。

2)费率确定与调整机制

法国高速公路有单一费率和按里程计费两种计费方式,里程较长的收费公路通常采用按里程计费。

法国高速公路收费车型分为5类,其中,第一类(总高<2m且总重<3.5t的两轴车辆)为基准车型,第一类车的费率平均水平为0.08欧元/km;第二类(总高2~3m且总重<3.5t的两轴车辆)、第三类(总高≥3m或总重>3.5t的两轴车辆)、第四类(总高≥3m或总重>3.5t的两轴以上车辆)、第五类(摩托车)的收费系数分别为1.0、1.5、2.2、3.0、0.5。

法国收费公路的费率水平依据特许经营合同确定,且特许经营企业大多按区域经营,因此每家特许经营企业在其运营的高速公路路网内实行同一套收费费率标准。特许经营的业务合同规定了高速公路收费费率调整的计算公式和方法,通行费率调整幅度由每年消费者物价指数(除烟草外)、特许经营企业的财务状况、高速公路网的建设投资前景综合确定,且调整幅度不低于消费者物价指数(除烟草外)的85%。通行费率调整由特许经营企业提出,经国家审定后实施。国家无权要求特许经营企业减免通行费,如国家实施减免通行费政策,须补偿特许经营企业因此损失的通行费收入。如国家要求特许经营企业放弃当年度的收费费率调增,须对企业损失给予补偿。

2.1.2 欧美国家高速公路差异化收费的实施情况

欧美国家大多仅在最繁忙的收费公路路段应用差异化收费的方法,其形式主要为时间段优惠和季节性优惠。中欧的德国、奥地利、瑞士和捷克四国在境内的高速公路按照车辆排放水平针对特定车型车辆进行电子收费,收费额根据车辆的排放水平、轴数和行驶里程等因素确定。

1)基于时间段的差异化收费

下面以加拿大安大略407号省道为例,说明欧美国家高速公路基于时间段差异化收费的特点。

加拿大安大略407号省道(407 Express Toll Route,ETR)位于安大略省的大多伦多地区,是北美地区最繁忙的公路之一,也是世界第一条全电子化收费的公路,现有ETC和视频识别两种缴费方式(图2-1)。407号省道的通行费由基本费用、根据里程计算的可变费用和根据缴费方式收取的费用三部分组成,详见表2-1。基于调节出行需求的目的,407号省道按高峰小时、高峰时段、日间时段、非高峰时段4个时段和平日、周末/节假日对普通区段、不繁忙区段制定了不同的里程费率,其中,非高峰时段里程费率约为普通区段高峰小时里程费率的71%,不繁忙区段的里程费率约为同等条件普通区段里程费率的95%。

图2-1 安大略407号省道

2)基于季节的差异化收费

欧美国家高速公路实行季节性差异化收费的案例并不多见。下文以西班牙AP-36高速公路为例,说明基于季节的差异化收费的特点(表2-2)。

表 2-1

安大略 407 号省道差异化收费费率

费用组成	项目		轻型车辆（客车及5t以下货车）		重型单体货车（5t以上）		重型拖挂货车（5t以上）	
			电子缴费	视频缴费	电子缴费	视频缴费	电子缴费	视频缴费
根据里程计算的可变费用	普通区段费率	高峰时段(平日) 6～7 时, 9～10 时,15～16 时,18～19 时	26.20 美分/km	26.20 美分/km	52.40 美分/km	52.40 美分/km	78.60 美分/km	78.60 美分/km
		高峰小时(平日)7～9 时,16～18 时	27.20 美分/km	27.20 美分/km	54.40 美分/km	54.40 美分/km	81.60 美分/km	81.60 美分/km
	不繁忙区段费率	高峰时段(平日)6～7 时, 9～10 时,15～16 时,18～19 时	24.90 美分/km	24.90 美分/km	49.80 美分/km	49.80 美分/km	74.70 美分/km	74.70 美分/km
		高峰小时(平日)7～9 时,16～18 时	25.85 美分/km	25.85 美分/km	51.70 美分/km	51.70 美分/km	77.55 美分/km	77.55 美分/km
	日间时段费率（全线）平日 10 时～次日 3 时		22.70 美分/km	22.70 美分/km	45.40 美分/km	45.40 美分/km	68.10 美分/km	68.10 美分/km
	日间时段费率（全线）周末/节假日 11 时～次日 7 时		21.00 美分/km	21.00 美分/km	42.00 美分/km	42.00 美分/km	63.00 美分/km	63.00 美分/km
	非高峰时段费率（全线）平日 19 时～次日 6 时,周末/节假日 19 时～次日 11 时		19.35 美分/km	19.35 美分/km	38.70 美分/km	38.70 美分/km	58.05 美分/km	58.05 美分/km
根据缴费方式收取的费用	车载电子标识月租金		3.25 美元	0.00 美元	3.25 美元	0.00 美元	3.25 美元	0.00 美元
	车载电子标识年租金		21.50 美元	0.00 美元	21.50 美元	0.00 美元	21.50 美元	0.00 美元
	缴费账户月管理费		0.00 美元	3.25 美元	0.00 美元	3.25 美元	0.00 美元	3.25 美元
	每次通行需缴纳的视频收费费用		0.00 美元	3.80 美元	0.00 美元	50.00 美元	0.00 美元	50.00 美元
基本费用	每次通行需缴纳的基本费用		0.70 美元	0.70 美元	1.40 美元	1.40 美元	2.10 美元	2.10 美元
	高峰时段每次通行需缴纳的基本费用（上限）				16.40 美元		30.20 美元	
	非高峰时段每次通行需缴纳的基本费用（上限）				12.10 美元		22.30 美元	

西班牙 AP-36 高速公路的轻型车辆差别化费率 表 2-2

出入口名称	TRONCAL CORRAL A.		LATERAL CORRAL A.		QUINTANAR DE LA ORDEN		MOTA DEL CUERVO		EL PEDERNOSO	
	旺季/中间季	淡季	旺季/中间季	淡季	旺季/中间季	淡季	旺季/中间季	淡季	旺季/中间季	淡季
LATERAL CORRAL A.	4.10 欧元	3.55 欧元	—	—	—	—	—	—	—	—
QUINTANAR DE LA ORDEN	6.95 欧元	6.00 欧元	3.25 欧元	2.80 欧元	—	—	—	—	—	—
MOTA DEL CUERVO	9.50 欧元	8.15 欧元	5.80 欧元	5.00 欧元	2.95 欧元	2.55 欧元	—	—	—	—
EL PEDERNOSO	11.95 欧元	10.30 欧元	8.25 欧元	7.10 欧元	5.40 欧元	4.65 欧元	2.85 欧元	2.45 欧元	—	—
TRONCAL SAN CLEMENTE	15.30 欧元	13.20 欧元	11.60 欧元	10.00 欧元	8.75 欧元	7.55 欧元	6.20 欧元	5.35 欧元	3.80 欧元	3.25 欧元

AP-36 高速公路(Autopista AP-36)是连接西班牙托莱多省和阿尔瓦塞特省的一条高速公路,由西班牙交通业巨擘 Cintra 公司建设运营,AP-36 高速公路针对淡旺季制定不同费率的方法在西班牙收费公路行业具有一定的代表性。在一年中,AP-36 高速公路分为淡季、中间季和旺季三个时间段,旺季包括 7、8 月和全年的宗教假日,中间季是 4、5、6、9、10 月,淡季是 1、2、3、11、12 月,旺季和中间季采用较高的费率,淡季采用较低的费率。目前,淡季费率约为旺季费率的 85%。

3)基于车辆排放水平的差异化收费

目前,德国、奥地利、瑞士、捷克等中欧国家实施基于车辆排放水平的差异化通行费率。上述四国高速公路均仅对特定车型的车辆收取通行费,但在收费吨位和收费标准上有所差异。下文以德国为例,说明基于车辆排放水平的差异化收费的特点。

德国高速公路自 2005 年起针对总重 12t 以上的货车收取通行费,2015 年 10 月起将收费范围扩大为 7.5t 以上货车。现行货车收费标准将货车按照排放水平分为六类,对各类货车执行不同的空气污染费率和基础设施费率,收费金额根据车辆的排放水平、轴数和行驶里程确定(表 2-3)。A 类排放水平货车的单位通行费率为 F 类排放水平车辆的 49% ~62%。随着欧盟对环境保护的要求日益严格,德国高速公路对同一排放水平车辆的收费标准也有所提高(表 2-4)。

德国高速公路基于车辆排放水平的收费标准 表 2-3

车辆排放水平	货车类别	空气污染费率(欧元/km)	轴数	基础设施费率(欧元/km)	总费率(欧元/km)
欧Ⅵ	A	0	2 轴	0.081	0.081
			3 轴	0.113	0.113
			4 轴	0.117	0.117
			5 轴及以上	0.135	0.135
欧 EEV1、欧Ⅴ	B	0.021	2 轴	0.081	0.102
			3 轴	0.113	0.134
			4 轴	0.117	0.138
			5 轴及以上	0.135	0.156
欧Ⅳ、欧Ⅲ + PMK 2	C	0.032	2 轴	0.081	0.113
			3 轴	0.113	0.145
			4 轴	0.117	0.149
			5 轴及以上	0.135	0.167

续上表

车辆排放水平	货车类别	空气污染费率（欧元/km）	轴　　数	基础设施费率（欧元/km）	总费率（欧元/km）
欧Ⅲ、欧Ⅱ+PMK 1	D	0.063	2 轴	0.081	0.144
			3 轴	0.113	0.176
			4 轴	0.117	0.180
			5 轴及以上	0.135	0.198
欧Ⅱ	E	0.073	2 轴	0.081	0.154
			3 轴	0.113	0.186
			4 轴	0.117	0.190
			5 轴及以上	0.135	0.208
欧 0、Ⅰ	F	0.083	2 轴	0.081	0.164
			3 轴	0.113	0.196
			4 轴	0.117	0.200
			5 轴及以上	0.135	0.218

2005—2009 年德国高速公路货车排放费率调整情况 表 2-4

起始执行时间	轴　　数	排放水平						
		EEV	欧Ⅴ	欧Ⅳ	欧Ⅲ	欧Ⅱ	欧Ⅰ	欧 0
2005 年 1 月 1 日	3 轴及以下	0.0900	0.0900	0.0900	0.1100	0.1100	0.1300	0.1300
	4 轴及以上	0.1000	0.1000	0.1000	0.1200	0.1200	0.1400	0.1400
2006 年 10 月 1 日	3 轴及以下	0.0900	0.0900	0.1100	0.1100	0.1300	0.1300	0.1300
	4 轴及以上	0.1000	0.1000	0.1200	0.1200	0.1400	0.1400	0.1400
2007 年 9 月 1 日	3 轴及以下	0.1000	0.1000	0.1200	0.1200	0.1450	0.1450	0.1450
	4 轴及以上	0.1100	0.1100	0.1300	0.1300	0.1550	0.1550	0.1550
2008 年 10 月 1 日	3 轴及以下	0.0965	0.0965	0.1165	0.1165	0.1365	0.1365	0.1365
	4 轴及以上	0.1065	0.1065	0.1265	0.1265	0.1465	0.1465	0.1465
2009 年 10 月 1 日	3 轴及以下	0.0965	0.1165	0.1165	0.1365	0.1365	0.1365	0.1365
	4 轴及以上	0.1065	0.1265	0.1265	0.1465	0.1465	0.1465	0.1465

2.1.3 欧美国家高速公路收费制度设计的经验和启示

欧洲国家收费公路管理体系的核心是特许经营制度。在特许经营制度下，政

府既作为特许经营的合同方之一，按约定保障企业经营收费公路的合法收益，不单方面实施减损特许经营企业合法收益或增加其义务的政策规定；又基于社会公众利益，设定特许经营企业的盈利上限，特许经营企业也能够在建设、运营收费公路的过程中提供高质量的服务并获得合理回报，从而实现了收费公路行业的可持续发展。由于政府在提议建设预期效益较差的收费公路项目时，需承担部分决策风险和支出责任，因此欧洲国家收费公路的路网规模、建设进度、债务余额均维持在较合理范围内。

与我国相比，欧洲国家收费公路制度设计和运行更为灵活，其在费率制定和管理方面的经验主要体现在以下三个方面：

1）费率调整机制

欧美国家收费公路基本均依据成本定价，尽管定价方法与费率体系相对简单，但调价机制为收费公路政策的实施预留了很大的弹性空间。费率调整依据特许经营合同约定，由企业提出后经政府审定，调价幅度既参考每年度的物价变动水平，也参考特许经营企业的财务状况及其运营收费公路的养护管理状况，从而使调价成为政府监督管理收费公路的重要政策手段。对盈利水平过高的企业，政府可以通过调低费率上涨幅度、冻结费率上调甚至降低费率的方式，使其盈利回归合理水平。对养护管理较差的收费公路，政府可以依托调价机制，引导其提高服务水平。

2）同一经营主体内部统筹

法国、意大利等欧洲国家以经营主体（而非以项目）为对象签订特许经营合同。每家特许经营企业在其运营的高速公路路网内实行同一套收费费率标准。实施内部统筹避免了同一经营主体运营的多条收费公路因到期年限不一致所引起的经营和债务问题，有利于企业更好地实现以丰补歉、统筹运营，加快债务的偿还。特许经营企业大多按区域捆绑经营，区域路网统一的到期年限也可避免由于部分路段停止收费或收费标准大幅度降低导致的交通拥堵。

3）长期合同与短期合同相结合的特许经营合同体系

法国政府与特许经营企业分别签订长期的特许经营合同和为期 5 年的业务合同，长期合同规定了特许经营关系中长期有效的内容（如特许经营的路段区间，特许经营范围和期限，双方的权利、义务等），业务合同规定了特许经营关系中相对具体的内容和要求（如费率调整的考虑因素和公式，养护管理水平考核的具体指标和罚则等）。短期合同为费率制定和调整的具体管理预留空间，可以使收费费率更好适应发展环境和管理要求的变化。

2.2 日本高速公路收费费率现状及启示

日本收费公路的建设运营在政策、社会、财力等环境因素方面都与欧美国家存在着很大差异。

和欧美国家类似,日本实行的道路特定财源制度也是通过对机动车征税来调节车辆的取得、保有、使用并筹集道路运营养护资金。目前,日本道路特定财源制度包括的税种有燃油税(含挥发油税和地方道路税)、石油天然气税、车辆重量税、轻质燃油交付税、机动车取得税。其中,燃油税、石油天然气税、车辆重量税属于国税,轻质燃油交付税、机动车取得税属于地方税。特定财源资金主要用于各类道路的新改建、养护、运营管理等用途。

但与欧美国家不同的是,一方面,在财力上,日本的收费公路建设资金较大程度依赖贷款,导致收费公路必须通过收取车辆通行费才可能偿还债务和维持运营,而通行费优惠政策最初即是以提高通行费收入为目标提出的。日本的收费公路政策先后经历了以项目为单位、统贷统还两种偿还债务方式,但到 2005 年日本道路公团民营化时,日本四家主要高速公路运营企业(日本道路公团 JH、首都高速、阪神高速、本四联络桥)的债务余额仍有约 40 万亿日元(约为同年日本全国道路特定财源总收入的 8 倍),而全国高速公路的维持管理费约为 4900 亿日元,以当时的年度通行费收入评估,全部还清债务大约还需要 45 年的时间。另一方面,地狭人稠的国土特点和高强度的开发形态又决定了日本必然会面临交通供需不匹配的问题,而通行费优惠作为灵活的价格策略可以很好地起到调节交通量时空分布不均衡的作用。

长期以来,为了合理调节交通流量、提高公路的使用效率,日本针对收费公路差异化定价政策进行了大量实际应用,其间的思路与经验都非常值得国内借鉴。

1)日本收费公路通行费计算方法

日本收费公路的通行费计算方法大致分为单一费率、按里程计费两类。单一费率主要针对都市地区的高速公路,旨在通过设定较高的费率标准来限制短距离出行使用高速公路。按里程计费的费额由固定额和可变额两部分组成。其中,固定额部分是车辆使用收费公路的车次费,各车型车辆均为 150 日元/次,可变额部分按照单次行驶收费公路的里程征收,计费的基准车型为普通车,基准费率为 24.6 日元/km,轻型车、中型车、大型车、特大车等车型的收费系数分别为 0.8、1.2、1.65、2.75,非基准车型的通行费率为基准费率与相应车型收费系数的乘积,车型划分标准见表 2-5。此外,收费公路使用者还需按照通行费 5% 的比例缴纳消费税及地方消费税。

日本收费公路的车型划分

表 2-5

车型划分		车型编号	车牌尺寸	车辆外形			最大载货量	车货总质量	定员	排气量
				长	宽	高				
轻型车	两轮助力车	—	小							>125cc
	轻型车(含三轮)	0*/3*/6*/8*	小							<360cc
		4**/5**	普通	<3.4m	<1.48m	<2.0m				<660cc
普通车	小型车(含三轮)	4**/5**/6**/7**	普通	<4.7m	<1.7m	<2.0m				
	普通乘用车	3**	普通							
中型车	3 轴以下货车	1**	普通				核载 <5t 或总质量 <8t			
	小型客车	2**	普通					总质量 <8t 或定员 11 ~ 29 人		
	2 轴牵引车	1**	大							
大型车	3 轴以下货车	1**	大				核载 <5t 且总质量 <8t			
	3 轴牵引车	1**	大							
	4 轴货车(未超限)	1**	大	<12m	<2.5m	<4.1m		<20 ~ 25t		
	中型客车	2**	大	<9m				>8t	<29 人	
	路线客车	2**	大					总质量 >8t 且定员 >30 人		
特大车	大型客车	2**	大	>9m				总质量 >8t 且定员 >30 人		
	4 轴以上货车	1**	大	>12m	>2.5m	>4.1m		>20 ~ 25t		
	大型特殊车辆	9**	大							

注:车型编号是日本车辆牌照上第一行右部标识的两位或三位数字,如某一车辆牌照的第一行为品川 3**。

2)通行费优惠的种类

日本的收费路桥运营企业都实行了多样化的通行费优惠政策，其种类大体可以分为以下五类。

(1)时间段优惠：时间段优惠旨在调节道路流量在时段分布上的不均衡性，其种类包括深夜优惠、通勤优惠、平日日间优惠、休息日特别优惠、清晨夜间优惠等。一般而言，时间段优惠主要针对清晨、夜间等交通量较少的时段，但部分流量较小的高速公路路段也会针对通勤时段或日间时段实行优惠以吸引交通流量，见表2-6。

日本高速道路公团(NEXCO)下属公司现行时间段优惠费率表 表2-6

<table>
<tr><th rowspan="2">优惠名称</th><th rowspan="2">优惠日</th><th rowspan="2">优惠时段</th><th rowspan="2">优惠条件①</th><th rowspan="2">优惠车型</th><th colspan="2">优惠幅度</th><th rowspan="2">距离限制</th><th rowspan="2">次数限制</th></tr>
<tr><th>大都市近郊</th><th>地方部</th></tr>
<tr><td rowspan="3">深夜优惠</td><td>每日</td><td>0~4时</td><td>a·b·c</td><td>全车型</td><td colspan="2">50%</td><td>无</td><td>无</td></tr>
<tr><td rowspan="2">平日</td><td>4~6时</td><td rowspan="2">a·b</td><td rowspan="2">全车型</td><td colspan="2" rowspan="2">30%</td><td rowspan="2">无</td><td rowspan="2">无</td></tr>
<tr><td>20~24时</td></tr>
<tr><td rowspan="2">通勤优惠</td><td rowspan="2">每日</td><td>6~9时</td><td rowspan="2">a·b</td><td rowspan="2">全车型</td><td rowspan="2">无</td><td rowspan="2">50%</td><td rowspan="2">有</td><td rowspan="2">有</td></tr>
<tr><td>17~20时</td></tr>
<tr><td>平日日间优惠</td><td>平日</td><td>6~20时</td><td>a·b</td><td>全车型</td><td>无</td><td>30%</td><td>有</td><td>无</td></tr>
<tr><td rowspan="3">休日特别优惠</td><td rowspan="3">休息日</td><td>6~22时</td><td rowspan="3">a·b·c</td><td rowspan="3">轻型车、普通车</td><td>30%</td><td rowspan="3">50%</td><td rowspan="3">无</td><td rowspan="3">无</td></tr>
<tr><td>0~6时</td><td rowspan="2">50%</td></tr>
<tr><td>22~24时</td></tr>
<tr><td rowspan="2">清晨夜间优惠(东京、大阪近郊)</td><td rowspan="2">每日</td><td>0~6时</td><td rowspan="2">a·b</td><td rowspan="2">全车型</td><td rowspan="2">50%②</td><td rowspan="2">无</td><td rowspan="2">有</td><td rowspan="2">无</td></tr>
<tr><td>22~24时</td></tr>
</table>

注：①中a：优惠时段内通过入口收费站；b：优惠时段内通过出口收费站；c：优惠时段之前通过入口收费站、优惠时段之后通过出口收费站。

②在满足优惠距离限制的条件下，此项优惠路段可以包括部分非东京、大阪近郊的路段，但是仅在地方部路段行驶车辆不可享受此项优惠。

实施时间段优惠的前提是对车辆进出高速公路时间的精确计量，出于防范人为作弊的考虑，时间段优惠政策往往仅针对ETC车辆实施，同时为配合优惠的实施，高速公路在收费站也专门配备了可收发卡(券)和精确计量时间的自动精算机(图2-2)。

图 2-2　日本高速公路收费站的通行费精算机

(2)特定区段行驶优惠:此类优惠旨在提高特定高速公路区段的交通流量,多针对交通量偏小、使用者感觉通行费偏高的路段实施。其种类主要包括特定区段或全线通行优惠、多条高速公路路段之间的连续或变换使用优惠两类。

目前,实施此类优惠的路段大致可以分为三种类型。一是通行费标准较高的路段,如长大隧道集中的关越特别区间,其通行费标准原为普通高速公路路段的1.6倍,实施优惠相当于在实际上降低了使用者的出行费用。二是存在替代方式的竞争性路段,如东京湾 AQUA-LINE 高速公路与轮渡线路存在竞争关系,为吸引交通而实施优惠。三是出于路网流量调节的需要,而对流量偏小的路段实施优惠,以分流交通压力,如首都圈中央联络道路(圈央道)对由其转往东京市中心方向的高速公路放射线实施通行费优惠(图 2-3);西日本高速道路公团规定,经由近畿道驶入阪神高速 13 号东大阪线的车辆,其在近畿道的通行费享受优惠等。

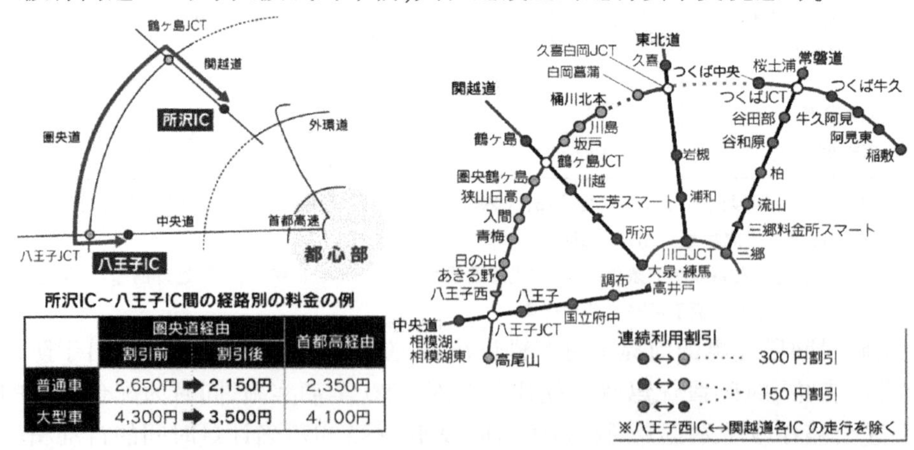

	圏央道経由		首都高経由
	割引前	割引後	
普通車	2,650円 ➡	2,150円	2,350円
大型車	4,300円 ➡	3,500円	4,100円

图 2-3　圈央道连续或变换使用优惠示例

(3)使用频率优惠:此类优惠旨在提高车辆对高速公路的使用频率。优惠主要针对频繁使用高速公路的车辆或企业,一般以单车月度缴纳通行费金额或企业月度缴纳通行费金额为衡量依据。优惠幅度采用累进形式,如首都高速道路公司对单车月度缴纳通行费金额超过 3 万日元、介于 1 万 ~3 万日元、介于 0.5 万 ~1 万日元的部分分别实行 8 折、8.5 折、9.0 折优惠等。此外,对于使用频率优惠根据当月缴纳通行费金额确定本月优惠幅度会在一定程度上带来的优惠时间局促问题,首都高速道路公司曾尝试根据前一个月缴纳通行费的金额确定本月的优惠幅度(常客优惠);而日本大多数收费公路运营企业也都制定了依据 ETC 车辆缴费金额兑换免费通行里程的优惠方案(ETC 里程服务),免费兑换里程的使用期限会相对宽裕。

(4)针对特定车型的优惠:此项优惠往往针对高速客运车辆或观光车辆实施,以鼓励上述车辆使用高速公路,并拉动当地旅游业发展。例如,日本高速道路公团(NEXCO)对预先登记持有 ETC 公司卡的全线高速公路运行或 75% 以上停靠站点位于高速公路上的客运线路车辆实行通行费 7.0 折优惠。

(5)一定区域内的不限次通行优惠:此项优惠是指车辆在预付某一定额的通行费之后,可以在一定时间内不限次数地使用高速公路的某一路段,其主要形式包括一日(或几日)票和周游券两种。其中,日票的有效期限较短,周游券主要针对一定区域(如北海道、北陆)的自驾游出行设计,其有效期往往较长,多为数周。在周游券类型的优惠中,收费道路运营企业往往还会与酒店、旅游景区、高速公路服务区以及其他运输企业(如日本旅客铁道 JR、全日空 ANA)联合设计推出其他附加优惠,以提高优惠的整体实施效果。

上述五类优惠政策并不是彼此孤立的,在实践中,日本的收费公路运营企业往往针对不同路段的特点灵活地决定采用何种优惠以及优惠的幅度,并组合使用不同类型的优惠措施,以最大限度地吸引交通流量,提高道路的整体效益。

3)不同类型交通设施对通行费优惠的灵活使用

大型桥梁、隧道等特定类型交通设施会根据自身的线位特点设计通行费优惠。

(1)大型桥梁:大型桥梁的优惠形式以时间段优惠和使用频度优惠为主。同时,大型桥梁一般会根据桥梁线位的特点,以较大幅度的通行费优惠吸引直行交通、鼓励离岛的开发和大桥的旅游观光。如连接本州岛、四国岛的三组本四连络桥梁,在对由离岛出发的刚性出行需求给予一定优惠的同时,大桥针对南北两岸弹性较大的出行需求执行了更为优惠的费率策略,主要包括:对本州岛、四国岛之间的直行小客车实施较大幅度的优惠(如全线半价或离岛内里程半价),以吸引本州岛

与四国岛之间的出行；针对由本州岛、四国岛出发至离岛往返的车辆实行较大幅度的优惠(图2-4)，以鼓励离岛的开发和以大桥、离岛为对象的观光旅游。

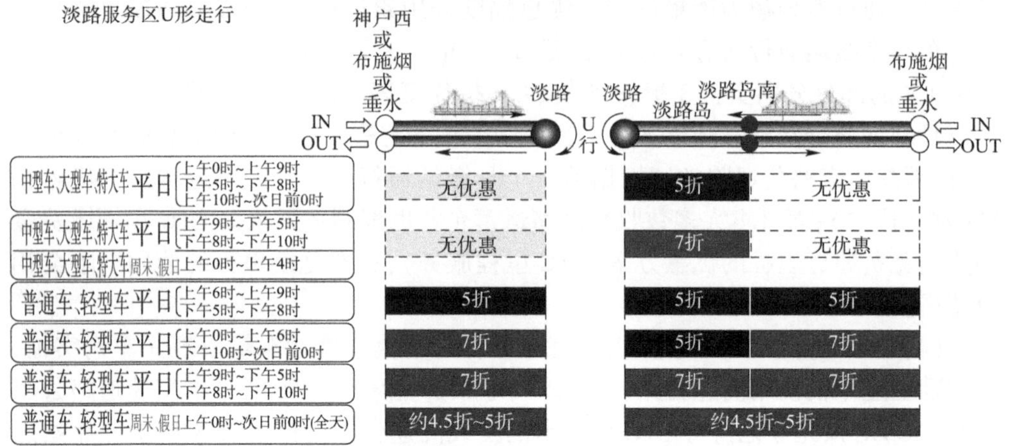

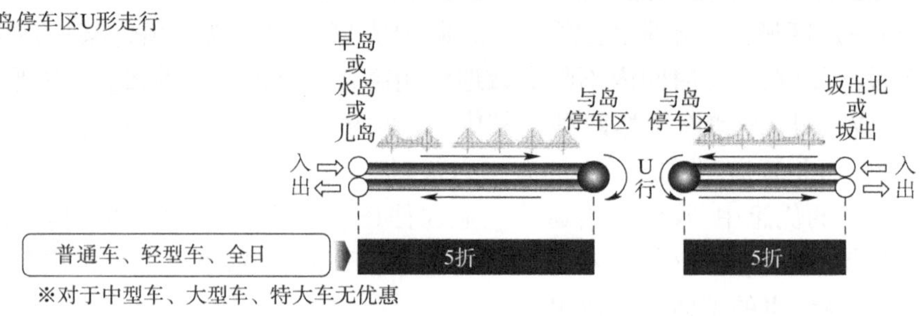

图2-4 本四联络桥的离岛U行优惠

(2)隧道：隧道设计通行费优惠的可操作余地相对较小。连通本州和九州的(下)关门(司)国道隧道是日本较早建成的长大海底隧道，运营隧道的西日本高速道路公司并未针对隧道设计特别的通行费优惠，而是采取了直接调整隧道通行费车型收费系数的方法。鉴于隧道单向只有一条车道，为鼓励道路的集约利用，将中型车、大型车、特大车对普通车的收费系数分别调整为1.33、1.67、2.67。相对于一般高速公路而言，中型车收费系数有所提高，大型车收费系数大致持平，特大车收费系数则有一定程度的降低。

3 高速公路收费费率制定的理论基础和主要方法

本章深入分析收费公路的经济属性，系统梳理高速公路收费费率制定所依据的基础理论，分析高速公路费率的相关影响因素，阐明目前高速公路收费费率制定采用的基本方法。

3.1 收费公路的经济属性

价格理论是经济学的重要组成部分。在对任何一种物品定价前，必须定出这类物品在经济学中的属性。收费公路也不例外，属私人物品的，应该由市场定价；属公共物品的，应由政府在税收中解决，不存在价格问题；介于两者之间的准公共物品价格的确定，则要有充足的理论依据。

公路一直都被认为是一种交通基础设施，被认为是公共品。收费公路出现后，公众、政府乃至经济学家对收费公路的经济属性又有了新的认识。按经济学的物品属性来判别，公路是诸多物品中较为复杂的。社会上所有物品根据其在消费上是否具有排他性和竞争性分为四类：第一类是私人物品，第二类是公共物品，第三类是共有资源，第四类是自然垄断物品。按经济属性划分，公路可以分为四类：

拥挤的收费路——既有排他性，又有竞争性，属私人物品。

不拥挤的不收费路——即无排他性，又无竞争性，属公共物品。

拥挤的不收费路——无排他性，有竞争性，属共有资源。

不拥挤的收费路——有排他性，无竞争性，属自然垄断物品。

收费公路作为一种交通基础设施，其建设和运营属公益性，收费公路的服务则是一种公用产品。不论是免费公路还是收费公路，都能产生正外部性。公路的这种正外部性效应，其动力主要来自政府，而不是来自竞争中的市场。因此，收费公路属于准公共物品，政府需要采取价格控制和财政补贴等管制手段。

3.2 收费公路通行费定价的基本理论

经济学史上，价格理论主要有劳动价值论学派、边际效用价值论学派和供求均衡学派等学派。劳动价值论学派认为：商品价格（价值）决定于生产商品的代价（如生产成本、劳动、社会必要劳动等）。边际效用学派认为：商品价格决定于商品的效用（或边际效用）。供求均衡学派认为：商品价格是由商品的供给和需求双方的均衡点决定的。

目前，这些学派的价格理论在收费公路通行费定价方面均有较多的发展和应用。成本补偿理论是劳动价值论学派的主要应用，公路使用者级差效益理论是边际效用价值论的典型应用，而供求均衡学派的价格理论较多，主要有拥挤收费理论以及其他基于均衡价格理论的定价理论。

3.2.1 成本补偿理论

成本补偿理论基于公路建设和运营所耗费的经济成本确定公路的收费费率，该理论主张公路的建设和运营成本应当通过对道路使用者征收通行费得以补偿。

对政府还贷公路而言，其经济成本主要包括收费公路建设项目投资成本中的贷款和集资额本息、公路养护与维修成本、公路收费与管理成本等。根据成本补偿理论，其收费标准应当保证在收费期间所收取的通行费收入总额能够弥补该公路项目的全部经济成本。

对经营性公路而言，其经济成本包括收费公路项目的投资成本、公路养护与维修成本、公路收费与经营管理成本以及投资者的期望收益（资本的机会成本）等，因此其收费标准在弥补公路项目的全部经济成本之外，还应保证投资企业有一定的收益。

3.2.2 级差效益理论

道路级差效益理论认为，与普通公路相比，高速公路在道路里程、行驶速度、车辆运行成本和道路路况等方面具有明显优势。公路用户使用高速公路时，就产生了与使用原有普通公路比较而得到的行驶效益。行驶效益是行驶收费公路获得的时间节约、运输成本降低、安全性和舒适性提高等方面的综合效果。这种效益是由于收费公路设施的提供所产生的，因此高速公路的使用者应从所获得的级差效益中支付部分费用返还给公路设施的提供者和维护者。

不论对于经营性收费公路还是收费还贷公路而言，公路用户不应毫无代价地获得这项效益，公路的用户应负担一部分费用。即使是政府收费公路，政府有关部门利用资本金和贷款建设的收费公路，资本金部分一般是当地所有公路用户交纳的公路规费收入，这些公路规费收入不能由一部分用户单独享用高水准的服务，而其他用户则基本不能享用；对于贷款部分，则就更不宜用一般税收来偿还了，理所当然地应该以受益者负担的原则由用户来支付。所以使用收费公路所获得的效益应由建设方和用户分享，建设方利用分享的部分去偿还贷款或取得投资回报。

使用收费公路的效益分享如图 3-1 所示。

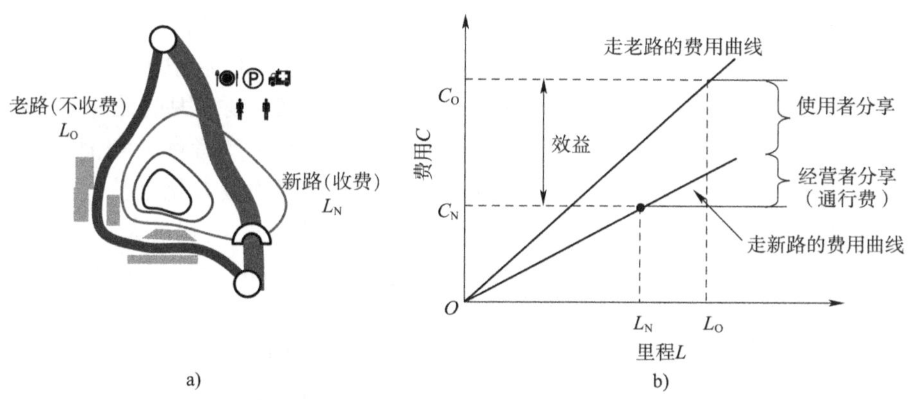

图 3-1 使用收费公路的效益分享

确定了受益分享的原则后，定价程序就集中在分享比例上了。在确立分享比例时，必须要考虑用户对效益的认知程度和对费率的接受程度，由此可带来用户使用公路的意愿和实际发生的交通量。公路管理部门一方面要防止收费过高而导致交通量甚低引起收费收入规模的实际缩小，另一方面还要防止收费过低引起交通量过大，导致公路服务水平降低而失去高等级公路的优势。

一般而言，收费标准的高低以道路使用者所获得的级差效益为主体进行衡量。级差效益构成了收费标准的上限，而分车型收费标准不应超过各自车型车辆通行高速公路所获得的级差效益。

极差效益法较充分地考虑了收费公路使用者的收益，同时兼顾了收费公路供给者与使用者双方的利益平衡，因此是一种较为全面的定价方法。级差效益的计算方法比较具体、规范，通过对有关参数严格规定或调查测算，可以得出令人信服的结果。因此，该方法也是国内应用较多的高速公路收费费率确定方法。

3.2.3 拥堵收费理论

拥堵收费理论主张对行驶于交通严重拥堵道路或者高峰时段的车辆收取额外的通行费,利用价格机制的作用来控制和限制交通量,以经济手段调整交通量在路网中的时间、空间分布,以达到减少或者消除拥挤的目的。

拥挤收费的经济学思想源于道路容量这种经济资源的稀缺性,道路拥挤会增加车辆运行的社会成本,使经济资源无法达到最优配置,导致社会福利无法实现帕累托最优状态。在图3-2中,*DA* 是需求曲线,*FS* 是供给曲线,*E* 是均衡点,P_0、Q_0分别是均衡价格及均衡产量,此时社会总效益是 DEQ_0O,社会总成本是 FEQ_0O,二者之差 *DEF* 是社会经济福利的总和,其中 P_0EF 是生产者剩余,P_0ED 是消费者剩余,因此图中阴影部分 *W* 表示的福利经济是生产者剩余和消费者剩余之和。由于福利经济的最大化是公益性资产收费的目标之一,实现社会福利最大化,是使用无偿性资金建设收费道路,确定收费费率遵循的原则之一。

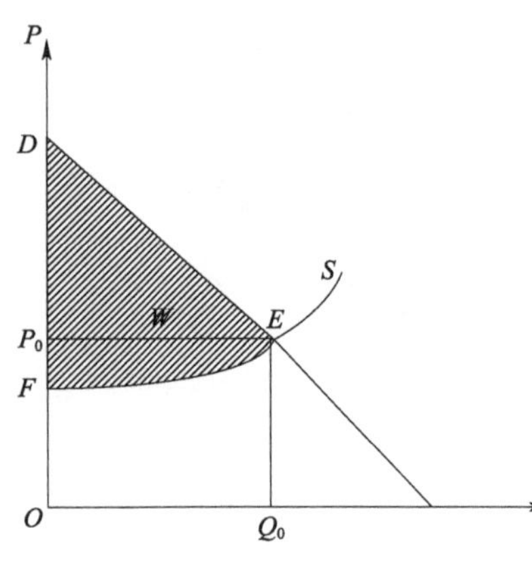

图3-2 市场均衡示意图

按照帕累托原理,在自由竞争的情况下,当边际社会成本(MSC)等于边际社会收益(MR)时,社会福利达到最大化。由此,拥挤收费标准的确定应当使边际效益与边际成本相等。控制交通量、减少拥挤所取得的经济效益是时间延误的减少和维护成本的降低,控制交通量的成本反映了由于减少交通量所失掉的可能收益。显然,当收费使交通量减少时,控制交通量的边际效益呈现下降趋势,边际成本呈上升趋势,当边际效益等于边际成本时,收费控制将取得最大的减少拥挤效益。

在拥堵收费理论中,高速公路收费主要作为调节路网流量的手段,故收费标准应当使边际道路使用者使用公路所获得的效益等于其为使用公路付出的包括通行费在内的经济代价,而科学测定拥堵情况下的外部成本成为拥堵收费理论确定费率的关键。

拥挤收费理论可用于指导针对不同时间和区段实施差别化的收费标准,引导道路使用者在非高峰时间使用公路或对高峰路段的交通量进行有效分流,以达到减少道路拥挤成本、提高道路使用效益的目的。

3.3 高速公路收费费率标准的影响因素

影响收费公路费率的因素很多,涉及系统内部和外部两个方面:一方面是有关收费公路运营方的因素(也称为收费公路内部因素),包括收费道路类型,建设投资规模和结构,如投资规模、贷款规模、贷款利率、贷款偿还期限,维持收费公路运营的养护、管理成本以及收费道路的里程、交通量水平、道路的使用性能和服务质量等;另一方面是有关收费公路使用方的因素(也称为收费公路外部因素),包括车辆运行成本、公路用户使用收费公路所获经济效益的大小和支付通行费的意愿等,以及收费公路系统外部环境因素,主要包括地区经济发展水平、地区内路网密度、并行道路使用性能以及车辆组成及其经济性能等。具体到某个收费公路的使用者或一次出行来说,是否选择收费公路,主要取决于不同路线及运输方式综合成本(广义费用)节约的状况,主要包括车辆运营成本(油耗、轮胎磨损、维修)、时间成本、舒适性和安全性成本等。

以上两方面的因素都有着丰富的内涵,此外,收费公路使用者的消费心理、出行目的、消费习惯等个性化特征对收费费率的制订也有很大影响;国家收费公路发展政策、社会舆论及公众意见等方面对收费公路费率制定也有不可忽视的影响。因此,影响收费标准的因素繁多而且复杂,以下从几个方面分别论述。

3.3.1 收费公路类型和收费目的

《收费公路管理条例》依据投融资主体和资金来源的不同将收费公路分为政府还贷公路和经营性公路两大类,并对上述两类收费公路在建设和管理主体、收费期限、收费标准审核单位、通行费收支管理等方面实施分类管理。

随着国家财政、预算和债务管理制度的调整,未来收费公路分类也将做出相应调整。县级以上人民政府通过政府举债方式建设或依法收回收费权的公路、存量未到期的政府还贷公路、以收费公路专项债形式新建公路以及未来到期由政府收回收费权的公路、采取委托方式交给企业运营的公路均属于政府收费公路。国内外经济组织全额或部分投资建设、依照收费公路相关法律法规的规定受让公路收费权的公路,存量经营性公路和以政府和社会资本合作(PPP)模式建设、由政府转让给企业运营的收费公路均属于经营性公路。

政府收费公路的收费目的是补偿公路建设运营养护费用和贷款本息,而不追求经营获利,其收费费率应根据债务规模、利率水平、养护运营管理成本、当地物价

水平、偿债期限以及交通流量等因素确定。经营性公路收费的目的不仅是在经营期内收回公路的建设运营养护投入，还寻求投资企业自身收益和利润的最大化。因此，经营性公路的收费费率，除考虑社会资本投资规模、养护运营管理成本、当地物价水平、经营期限、交通流量等因素外，还必须考虑到经营者的合理回报，并通过由政府确定价格上限或规定利润率的方法来保障企业获得合理的投资收益。此外，拥挤收费是为控制交通需求，减少道路拥挤而进行的收费，因而费率的确定应从缓解交通拥挤、降低运营成本、提高经济效益出发，对拥挤的路段和时段实行拥挤收费，对不拥挤的路段和时段则实行少收费或不收费。

当前，我国收费公路政策发展环境发生了深刻变化。当前和未来一段时间内，公路收费的目的正在逐渐由筹集道路建设资金的单一目标转向提供充分可持续的公路供给，提高路网整体运行效率与安全水平，提升使用者和社会整体公平与福利，促进综合交通体系发展的综合目标。与之相对应，收费费率的制定与调整也应由目前的大多以补偿建设成本和偿还贷款为目的的单一目标逐步转化为兼顾路网运行的成本、效率的多重目标。

3.3.2 建设投资和债务规模

高速公路收取的通行费是高速公路建设资金的重要来源，高速公路收取的通行费是对建设期原始投资垫付资金的补偿。无论以何种理论作为确定收费标准的基础，都必须将公路建设投资额作为确定收费标准的主要影响因素。在其他条件等同的情况下，公路投资额越大，需要补偿的部分也就越大，分配到每个道路使用者的投资额也就越大，收费标准相应地也就越高。

对经营性收费高速公路来说，如果是经营者直接投资高速公路的建设，其成本就是经营者投资修建高速公路的一切费用支出，如果经营者是通过购买高速公路的收费经营权或股权的形式投资，其成本为收费经营权或股权的转让价格。

作为国家的基础设施，各级政府虽然对高速公路建设进行了财政补贴和政策扶持，但大部分建设资金仍是通过债务资金方式筹集的。因此，投融资结构（债务资金规模和比例）、贷款利率与偿还年限就在很大程度上决定了公路使用者所能承受的收费标准。

3.3.3 养护运营管理费用

公路收费不仅要偿还建设期的借贷资金，而且还要支付公路的养护运营管理费用。高速公路的养护费用包括日常养护支出(包含养护人员工资,道路、桥梁、隧道、机电设施、附属设施日常养护及小修,绿化)、中修工程支出、大修工程支出、预防性养护支出、养护设施设备购置支出、养护检查检测支出、应急性养护支出、机电系统改造维护支出、生产及照明用电支出(包含收费公路机电系统设施设备用电、收费公路路段、隧道、桥涵、收费站照明用电)。运营管理费用则是高速公路用于收费业务、日常管理、路政管理及治超、清障救援、服务区运营等方面的支出。此外,高速公路在运营期间还需按规定向国家缴纳税金和各项规费。

上述养护运营管理费用是维持高速公路正常运转必不可缺的开支,也需在高速公路通行费收入中得以补偿而合理地分摊给使用者,对于经营性收费高速公路,还应考虑企业经营利润的提留。

3.3.4 高速公路使用者成本

使用者成本是使用者在公路出行过程中所耗费的货币成本(包括通行费、燃油成本等)和时间成本的总和,而通行费的多少直接影响着交通量的转移。当收费道路上的成本高于其他运输方式或运输路线的成本达到一定程度时,交通量就会转移,反之亦然。这一成本界限受到行驶舒适性以及交通环境(如服务质量、服务水平及沿线人文地理环境等)的影响。

对于道路使用者来说,是否选择收费道路,主要取决于不同路线及运输方式综合成本节约的状况,成本节约主要包括四部分,车辆运营成本、距离成本、时间成本及事故成本(交通事故、货损等)。当通行费转嫁为运输成本后,对收费道路影响区内的运输体系会产生某种程度的影响,使用者一般会选择使用成本低的路线。此外,使用者的客观经济条件及消费心理对收费也有很大影响,具体表现在该公路影响区的经济状况与生活水平,即车辆使用者(包括驾驶员)愿意支付什么水平的通行费来使用高标准的公路设施。另外,如使用者对车辆运行成本的认识和关切程度、运行速度和运行舒适性对车辆使用者的影响等因素也是影响高速公路使用者成本的重要因素。

3.3.5 经营期限

现行《收费公路管理条例》对政府还贷公路和经营性公路的收费期限均做出了严格限制。政府还贷公路的收费期限,按照用收费偿还贷款、偿还有偿集资款的原则确定,最长不得超过 15 年,中西部地区最长不得超过 20 年;经营性公路的收

费期限，按照收回投资并有合理回报的原则确定，最长不得超过25年，中西部地区最长不得超过30年。政府还贷公路提前还清贷款的，必须终止收费。转让政府还贷公路收费权，可以申请延长收费期限5年，转让经营性公路收费权不得延长收费期限。

随着路网不断扩大，特别是向山岭重丘地区延伸，公路建设成本不断提高，而收费标准维持在20世纪90年代水平，收费期限不能延长，造成很多新建公路难以取得投资回报，甚至无法收回投资。因此，收费公路管理政策改革调整对收费期限的限制势在必行。

未来通过利用专项债建设的政府收费公路，资产、债务、收费权均属于政府，通过政府购买服务方式选择的运营企业只提供养护、运营和管理服务，政府根据运营企业提供的服务质量、成本情况、企业合理利润、考核结果等情况支付服务费用。根据财政部、民政部、工商总局《关于印发〈政府购买服务管理办法（暂行）〉的通知》（财综〔2014〕96号），对于通过政府购买服务的期限并没有明确规定，可以由购买主体和承接主体通过签订合同进行约定。由此可见，未来政府收费公路通过购买服务方式选择经营主体，具体经营期限可以由政府和经营企业通过经营合同约定。通过PPP模式建设或者收费权益转让的经营性公路收费资产依然属于政府，但其经营期限的确定要考虑投资者的建设或购买资金投入、养护和运营管理成本、通行费收入以及合理的投资回报。因此，经营性公路应综合考虑投资者资金投入、养护和运营管理成本、合理回报、收费标准等因素合理确定经营期限。

由于收费公路经营期限将逐步放宽，由目前的固定期限转换为相对灵活的收费期限或经营期限，因此，经营期限的长短对收费费率的确定存在很大影响。对政府收费公路而言，若维持永续运营，收费费率不应低于以车公里分摊的建设运营高速公路的平均可变成本（包含公路运营养护费用和债务利息），对经营性公路而言，收费费率应保障特许经营企业能在经营期内收回建设运营管理投入，并获得合理回报。

3.3.6 交通量

当高速公路建成通车投入运营后，收费交通量的大小直接体现着收费效益状况。收费公路交通量一般由三部分组成，分别为诱增交通量、并行路转移交通量及其他运输方式的转移交通量。当收费公路存在替代性出行方式和路线时，收费费率直接影响收费公路交通量的大小。在总出行需求一定的情况下，随着收费费率的提高，选择收费道路的车辆会减少；当收费费率超过一定程度时，交通量会大幅降低,收费总额随之减少。相反,若收费费率过低,交通量将大幅提高,而收费总额也会随之下降,这是高速公路社会效益与经营管理效益两个方面相互矛盾的体现。因此,正确了解收费标准与交通量的关系是充分发挥高速公路社会效益的前提。

在交通量组成中,收费标准影响的主要部分是转移交通量。转移交通量分为运输方式转移与路线转移两部分。运输方式与路线的转移主要受使用成本及行驶时间、舒适性、安全性等交通条件的影响,除公路运输外,运输方式还包括铁路、水运、航空及管道等方式,运输路线一般是与高等级收费公路并行的低等级公路或其他绕行线路。对收费公路而言,在行驶时间、舒适性、安全性等交通条件不变的情况下,各方式及各线路向收费公路转移的交通量决定于使用成本,也就是收费标准。

3.3.7 其他因素

(1)道路使用者的消费心理:由于出行目的不同,一般来讲,道路使用者选择高速公路时主要会考虑节约运行成本、节约时间、行驶安全性与舒适性等因素。因此,在制定收费标准时,要考虑高速公路影响区域的道路使用者的构成情况,这项工作由交通量预测中交通方式的分担部分完成。另外,根据高速公路所处的地域,收费标准的制定应具有弹性。同时,高速公路的收费标准不宜频繁调整,每次调整的幅度也不宜太大。

(2)物价变动:高速公路运营期限较长,物价波动对收费标准的影响,不仅反映在收费标准的制定上,也反映在收费标准的调整上,并且直接关系投资者、经营者、道路使用者的利益。对收费高速公路而言,应根据市场的物价指数和用户效益的增长,在恰当的时间调整收费标准。

(3)科技进步:现代科学技术的不断发展必将对公路的建设、运营与管理等各个方面产生影响。就收费公路而言,主要体现在两个方面,一方面随着新技术、新材料、新工艺在道路、桥梁建设上的应用,提高了工程质量,降低了公路建设、养护与管理成本;另一方面随着现代信息技术、数据通信技术、电子控制技术以及计算机处理技术等的不断发展和在交通管理系统的普及应用,公路交通运营管理将逐步实现智能化,其中收费管理的智能化将会改变传统上依靠人工判别车型、人工检查和人工收费的低效操作方式,大大提高收费效率、降低运营管理成本。上述科技新成果的应用,降低了收费公路建设、运营和管理成本,使运输的安全性和经济效益得以提高,由此会影响收费道路供需双方利益的变动和收费费率水平。

(4)减少负外部性:解决高速公路环境污染和交通安全问题可以通过调整收

费标准控制交通量实现。高速公路往往修建在交通比较拥挤和繁忙的地区，通过制定合理的收费标准，使高速公路上的流量合理，利用率最高，但又不会形成拥挤或堵塞，不仅使运输效益得到提高，同时也解决了交通拥挤和因拥挤而带来的环境污染和交通安全问题。

3.4 高速公路通行费定价的主要方法

高速公路通行费作为受到政府管制的基础设施价格，其确定在整体上应满足促进社会分配效率、刺激企业生产效率和维护企业发展潜力的三重政策目标。以下分别从价格水平和价格结构两方面说明高速公路通行费定价的主要方法。

3.4.1 高速公路价格水平的确定方法

1）成本定价法

根据成本定价理论，公路通行费收费应该能够补偿公路建设和运营管理所耗费的成本，收费标准应由公路建设和运营的成本决定。

根据经济学基本原理，为实现帕累托最优效率，达到促进社会分配效率的目标，应按照边际成本决定政府管制价格。但高速公路等基础设施一般都具有成本弱增性和显著的规模经济，其表现为成本曲线总是向右下方倾斜，且平均成本曲线总是位于边际成本曲线的上方（图 3-3）。因此，若以边际成本确定高速公路等自然垄断产业的价格水平（对应图 3-3 中的 P_m点），尽管在理论上可以促进社会分配效率，但会造成高速公路建设运营单位亏损（在图 3-3 中，亏损为 NMP_aP_m），甚至退出行业。只有确定不低于平均成本的价格水平（对应图 3-3 中的 P_a点），才能实现高速公路行业的可持续运营。

对于政府还贷公路，收费的基本目的是偿还建设贷款、养护管理费和贷款利息，实现道路建设项目的收支平衡，所确定的费率应该在平衡财政约束条件下实现社会福利的最大化。因此，政府还贷公路应采用平均成本定价，以消费者剩余价值最大为目标，以财政收支平衡为约束，追求社会福利最大，符合收费还贷公路通行费费率的定价原则和目标。

对于经营性收费公路，收费的目的是在特许经营期内收回投资的同时，取得一定的投资利润，实现投资方在特许经营期内利润的最大化。但收费标准既受投资成本和投资回报率的影响，还受到价格弹性的影响。因此，经营性收费公路的收费费率模型在实际应用中采用预期收益率 K 或者称为投资报酬率的方式确定收费标准。

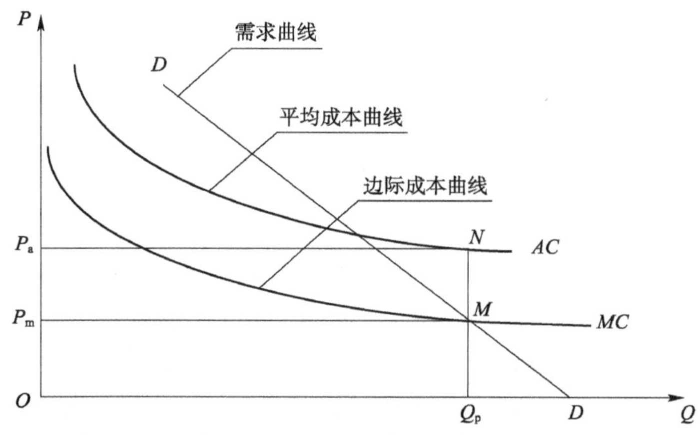

图 3-3 收费公路的边际成本定价和平均成本定价

根据上述成本定价原理，收费费率模型如下：

$$f_n = \frac{\left(\frac{A}{1-T} + C_n\right)(1+T_n)}{Q_n L_n} \tag{3-1}$$

$$A_1 = \frac{P(1+r)\left(1-\frac{1+q}{1+r}\right)}{1-\left(\frac{1+q}{1+r}\right)^n} \tag{3-2}$$

$$A_n = A_1 q^{(n-1)} \tag{3-3}$$

式中：f_n——未来第 n 年车辆通行费费率（元/km）；

P——收费公路建设成本或收费权转让额（万元）；

A——分摊到第一期的年金（万元）；

T——营业税及其附加的总税率（%）；

C_n——未来第 n 年收费公路的养护和管理费用（万元）；

r——贷款利率（政府还贷）或投资的回报率（经营性）（%）；

Q_n——未来第 n 年收费交通量（辆）；

q——交通量平均增长率（%）；

L_n——收费公路通车里程（km）。

在实际应用中，成本定价法的不足主要体现在以下方面：

（1）由于高速公路运营管理单位大多在特定地域范围内独家经营或寡头垄断经营，仅以个别企业成本作为定价依据无法确保成本水平的合理性，也会导致企业缺乏努力提高生产效率、不断降低成本的激励。

（2）对经营性项目核定固定的投资回报率除缺乏提高效率的激励之外，还存在刺激企业扩大投资基数和如何正确计量投资回报率的问题。

（3）成本定价法未考虑收费公路使用者得到的效益及其支付意愿。

2）公路使用者效益定价法

高等级收费公路具有运行速度快、车辆运行成本低、服务水平高等特点，公路使用者在使用收费公路时，能够获得在途时间与运营成本的节约、安全性与舒适性提高等方面的效益。这种效益是收费公路设施所提供的，使用者不应毫无代价地获得这项效益。使用者应从所获得的级差效益中，支付一部分返还收费公路设施的提供者，或者说通过支付道路通行费的方式偿还收费公路设施提供者的支出，体现“用路者”的公平性。

根据这一定价法则，收费费率主要取决于两个因素，一是用户使用收费公路的效益，二是该部分效益在收费公路设施使用者与提供者之间的分享比例。使用者效益定价法的费率算方法为：

$$f_m = B \times F \tag{3-4}$$

$$B = B_1 + B_2 + B_3 + f_y \tag{3-5}$$

式中：f_m——第 m 种车型的通行费费率；

B——收费公路的级差效益；

F——道路使用者级差效益分享比例（%）；

F_y——对于新建高等级公路而言，为平行竞争性公路车辆通行费标准；对于改建高等级公路而言，为原有公路车辆通行费标准；

B_1、B_2、B_3——降低车辆运行成本、缩短里程和增加运营次数效益。

公路使用者效益的确定，可参照公路工程建设项目可行性研究中有关效益的计算方法进行具体计算，通过分析计算公路用户使用该收费公路或无该公路情况下的成本效益差别。

因此，要确定合理的分享比例即合理的收费费率，就要确定收费公路使用者与提供者级差效益的分享比例。效益分享比例究竟应该定在何种水平，主要取决于使用者对其所获效益的认可，还取决于使用者对行驶收费公路交纳通行费的支付意愿，而支付意愿是与使用者的经济能力、消费倾向等密切联系的。由于确定使用者的支付意愿十分复杂、困难，实践中国内一般直接采用世界银行有关专家建议：利用效益分享方法定价的收费公路费率大多确定为用户所获得效益的50% ~70%的幅度，用以进行公路的管理、养护、偿还贷款或作为投资收益，因此用户实际获得的效益约为全部效益的30% ~50%。在经济发达程度较高的地区，可在此范围内选取较高的比例，反之在此范围内选取较低的比例；在可替代的交通方式有较少的选择时，可在此范围内选取较高的比例，反之在此范围内选取较低的比例。如无特殊情况，收费费率一般不应超过级差效益的70%。

我国高速公路发展早期，高等级公路发展较快，但高等级公路网尚未形成，用户选择路径的余地较小，再加上收费高等级公路偿还任务大都较重，所以实践中大部分地区的收费公路提供者对级差效益的分享比例一般定得较高一些。随着高速公路快速发展，高速公路网络逐步形成，普通国省道干线公路路况逐步改善，公路出行替代路径较多，公路提供者对效益分享比例一般不应超过用户级益的50%。

3）负担水平法

负担水平法是在考察公路使用者对公路收费的承受能力，即收费负担水平的基础上，通过对支付能力进行测算，进而确定收费公路收费费率的方法。该方法主要考察收费公路的费率在国民收入水平的比例关系，不同国家或地区由于经济水平不同，对收费的承受能力各有差异，但对于特定的国家和地区而言，公路用户对公路收费的承受能力是随着经济发展水平的提高而不断提高的。负担水平实质上是反映在特定经济发展水平下，公路使用者能够负担的收费公路费率水平。

负担水平法测算收费费率的模型如下：

$$f = I \times \alpha \tag{3-6}$$

式中：f——标准车的收费水平；

α——收费的负担水平；

I——经济发展水平，一般选用人均国内生产总值。

由于负担水平法衡量的是特定区域内收费公路使用者可负担的通行费水平，其无法区分不同高速公路项目的建设运营成本差异和使用者效益差异。

4）收费收入最大化导向的定价方法

收费收入最大化导向的定价方法都是基于交通量对收费费率反馈的动态定价方法，其测算费率的基础是测定高速公路交通量对收费费率的价格弹性，之后依据离散选择模型和出行效用函数分别计算在不同费率水平下用户选择某一项目出行的比例。当费率标准与出行选择比例乘积最大时，其费率即为此项目的收费效益最大化费率。

收费收入最大化导向的定价方法所依据的离散选择模型，要求各出行选择相对独立，在路网简单、可选择路径较少时，费率测算难度相对较低。在面对复杂路网时，收费收入最大化导向定价方法的费率测算、寻优难度很大。

不同出行路径选择模型（交通量分担模型）具有多各种形式，最常用的是多项式分对数模型（Logit 模型）。即 C_n 中的 i 被出行者 n 所选择的概率为：

$$P_n(i) = \frac{e^{V_{in}}}{\sum_j e^{V_{jn}}} \tag{3-7}$$

式中，$0 \leqslant P_{in} \leqslant 1$，所有 $i \in C_n$。

$$\sum_{i \in C_n} P_n(i) = 1$$

利用 Logit 模型可以对一个出行者或出行者群体的交通选择行为进行模拟计算。对于单一的出行者，可以表示其选择路径 $i(i \in C_n)$ 的概率。对于出行者群体，仅仅表示出行者总数中，选择路径 $i(i \in C_n)$ 的出行者所占比例。

通常考虑结果分析的容易性及系数上的方便性，效用函数广泛采用线性函数的形式。假设某一运输通道由 M 条路线组成，每条路线都有 K 种服务属性。任意一条出行路线 $i(i \in M)$ 都可以用一个服务属性向量来表示，即：

$$V_{in} = \sum \beta_k X_{ink} \tag{3-8}$$

或

$$V_{in} = \beta_1 X_{in1} + X_{in2} + \cdots + \beta_k X_{ink} \tag{3-9}$$

式中：V_{in}——第 n 个出行者选择第 i 条路线的效用。

$\overrightarrow{X_{in}} = (X_{i1}, X_{i2n}, \cdots, X_{nij}, \cdots, X_{nik})$ 为第 n 个出行者选择第 i 条路线的第 j 种服务属性（$j \in K$），如收费费率、车辆的行程时间等，是由式中所有 X_{ink} 构成的向量。

β_j 为系数，相当于出行者给第 j 种服务属性的权重，它取决于不同的出行者的社会经济特征，即不同的出行者给予该种服务属性的重视程度，也可以说反映了第 j 种服务属性对于出行者选择路线的影响程度。

在确定通道交通量分担模型和效用函数的基础上，收费收入最大化的模型可建立如下：

$$R = \sum_{n=1}^{8} r_n \times L \times T_n = \sum_{n=1}^{8} r_n \times L \times Q_n \times p_n \tag{3-10}$$

$$P_n(i) = \frac{e^{V_{in}}}{\sum_j e^{V_{jn}}} \tag{3-11}$$

$$V_{in} = \beta_1 X_{in1} + X_{in2} + \cdots + \beta_k X_{ink} \tag{3-12}$$

式中：r_n——高速公路第 n 型车辆收费费率[元/(车·km)]；

L——高速公路里程(km);

T_n——高速公路第 n 型车辆交通量(辆);

Q_n——公路通道第 n 型车辆总交通量(辆);

p_n——高速公路对第 n 型车辆的分担率;

n——车型分类代号取值1~8,分别代表小型客车、中型客车、大型客车、特大型客车、小型货车、中型货车、大型货车、特大型货车八种车型;

R——收费总收入(元)。

5)最优化动态定价方法

基于交通量对收费费率的动态反馈,在交通量分担模型和效用函数的基础上,根据不同定价目标,建立多种收费目标的动态定价方法。主要有雷姆西价格理论、巴莫尔定价法、路网车辆运行总费用最小定价法、最大收费收入(或利润)定价法等。这些定价方法以价格均衡为理念基础,充分关注收费标准对出行路径选择和交通流分配的影响,在差异化收费、交通流管理等方面具有广阔的应用。

3.4.2 高速公路价格结构的主要形式

高速公路价格结构的最基本形式为线性定价和非线性定价两种。其中,非线性定价又有两部定价、差别定价等多种形式。

1)线性定价

高速公路线性定价可分为均一费率(定额价格)和按里程线性计费(从量价格)两类。目前,国内外高速公路大多采用线性定价。

2)非线性定价

(1)两部定价

两部定价所形成的价格结构由基本费(次费,与行驶里程无关)和从量费(基于行驶里程计费)两部分组成。在理论上,两部定价既可以按照边际成本定价收取变动费用,又可以通过基本费补偿固定费用,从而实现高速公路运营企业的收支平衡。部分经济学者已经论证,在社会分配效率(社会福利)角度,两部定价尽管次于按边际成本定价,但优于按平均成本定价(图3-4)。目前,国内浙江省高速公路采用两部定价。

(2)差别定价

高速公路差别定价形式多样,主要包括基于时间段、季节、车辆排放水平、特定路段(或路径)、特定车型、使用频率(通行次数)等差异化费率。

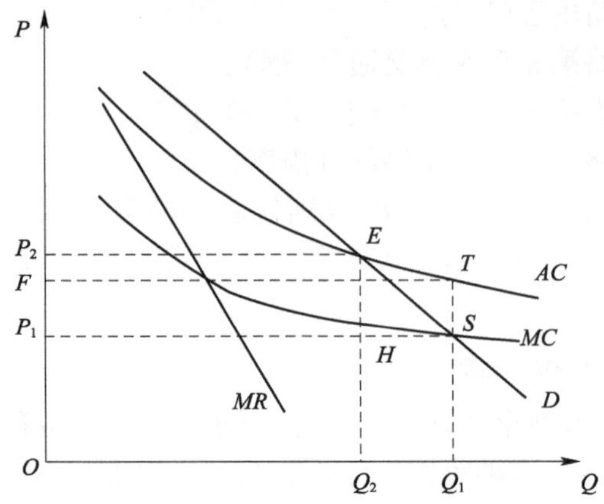

图 3-4　两部定价的基本原理

差别定价的测算大多使用拉姆齐定价法。拉姆齐定价是在盈亏平衡约束下，实现消费者剩余最大化的一种定价方法。其含义是，当需求弹性越小时，定价可以超出边际成本的幅度越高。因此，拉姆齐定价也被称为逆弹性定价法。假设高速公路不同收费车型交通量的价格弹性不同，如按照拉姆齐定价法测算，其定价应满足以下关系：

$$\frac{P_{\mathrm{A}}-MC_{\mathrm{A}}}{P_{\mathrm{A}}}\times E_{\mathrm{A}}=\frac{P_{\mathrm{B}}-MC_{\mathrm{B}}}{P_{\mathrm{B}}}\times E_{\mathrm{B}} \tag{3-13}$$

式中：P_{A}、MC_{A}、E_{A}——收费车型 A 的收费费率、边际成本、价格弹性；

P_{B}、MC_{B}、E_{B}——收费车型 B 的收费费率、边际成本、价格弹性。

拉姆齐定价法的实质是一种价格歧视，但若其并非以垄断利润最大化为目标函数的，而仅是以回收建设运营投入为目的，则是一种在管制上可以容许的价格歧视。在高速公路收支平衡的约束条件下，拉姆齐定价法是对平均成本定价的帕累托改进。

4 基于区域路网、兼顾成本与效率的定价方法

本章阐述基于区域路网、兼顾成本与效率定价原则的含义，说明在该原则下费率制订和优化的基本方法，并结合算例说明基于区域路网、兼顾成本与效率的定价方法的具体测算和应用。

4.1 基于路网、兼顾成本与效率定价原则的内涵

目前，我国高速公路通行费定价机制存在的问题主要表现为尚未确立基于区域路网的科学定价方法和收费费率的动态评估调整机制。

鉴于此，交通运输部在《收费公路管理条例》修订工作中提出了高速公路收费费率应当按照基于区域路网、兼顾成本与通行效率的原则，根据收费公路的债务规模、利率水平、社会资本投资规模、合理回报、养护运营管理成本、期限、当地物价水平以及路网交通流量等因素计算确定，并可以针对不同路段、时段、车型制定差异化收费标准，以保障和提高路网通行效率和服务水平的政策思路。

基于路网的原则要求高速公路收费标准的制订和优化均以区域路网为基础进行分析和测算，从而实现区域路网统筹，以及整体路网的资源优化配置和财务可持续。成本原则要求高速公路的收费收入足够覆盖高速公路运营管理投入并且逐步偿还高速公路债务，从而有效控制高速公路的债务风险，确保高速公路行业的可持续发展。效率原则要求高速公路的收费标准能够更好地体现交通设施的供需关系，并通过在路网的不同路径之间形成合理的比价关系和差异化的费率体系来调节交通流量的分配，从而更好发挥高速公路网络的整体效益。

基于路网、兼顾成本与效率的定价原则可以避免依据单一项目成本定价造成的交通量与建设成本倒挂、路网交通流量时间空间分配不合理等问题，使高速公路费率更加真实地反映出行过程的社会成本和高速公路为使用者提供的高效率出行服务，与高速公路收费目的多元化和收费公路制度设计调整方向相契合，是对目前高速公路成本定价方法的优化和改进。

4.2 基于路网、兼顾成本与效率定价的整体设想和基本方法

4.2.1 整体设想

在基于路网、兼顾成本与效率的定价方法下，高速公路收费标准由路网基准费率和上下浮动幅度共同确定。

基准费率是收费标准的主体部分，体现了区域路网的建设、养护、运营、管理成本，应根据养护运营管理成本、当地物价水平、财务成本、经营期限以及交通流量等因素计算确定区域内路网基准费率。根据经济学原理，在经营期内，高速公路的收费标准不应低于经营企业建设运营高速公路的车公里分摊的平均总成本（ATC），否则经营企业将会不进入或退出高速公路行业。因此，高速公路基准费率依据区域路网在经营期限内的平均总成本确定，其计算方法为

$$基准费率=\frac{\sum 区域路网平均总成本}{\sum(区域路网收费里程\times 加权平均交通量)} \tag{4-1}$$

在此公式中，区域路网可为省域高速公路网或省内部分地区的高速公路网（当省内不同地区地形条件差异很大时可以将省域划分为地形、经济发展水平或管理特点相似的若干区域）。如政府与高速公路经营企业商定高速公路成本的补偿方案，已补偿的成本应从路网平均总成本中扣除。经营性高速公路项目的合理回报可通过约定比政府还贷高速公路更长的经营期限等方式处理。

同时，为保障路网内不同路段的通行效率，发挥收费价格的交通流量调节作用，更好地发挥路网整体效益，在确定区域内高速公路基准费率后，可针对各高速公路路段具体情况、在调查分析和测算的基础上确定上下浮动幅度，针对特定路段区间、车型、时段制订费率差异化上下浮方案。

4.2.2 测算步骤

在基于路网、兼顾成本与效率的定价方法下，高速公路收费标准先测算路网基准费率，再测算上下浮动幅度。

1）路网基准费率

路网基准费率的测算以满足养护管理和偿还债务利息需要为低限、以满足养

护管理需要且在现有经营期限内偿清全部债务为高限，计算确定基准费率初步区间。如高速公路网现行加权费率水平处于按照平均总成本法确定的路网基准费率区间内，则可进入上下浮动幅度的测算。如高速公路网现行加权费率水平低于按照平均总成本法确定的路网基准费率区间的下限时，需制订维持路网可持续运营的相关政策和配套措施，并据此提出过渡费率方案，以保证高速公路网费率水平可平稳过渡到按照平均总成本法确定的路网基准费率区间内。

本章依据 2018 年全国高速公路收费收入、养护运营支出、债务数据，在以交通量调查中的车型系数代替各车型的收费系数，并假设政府还贷、经营性高速公路间可实现统筹的情况下进行试算，结果见表 4-1。从表中可以看出，2018 年全国有 18 个省区市（北京、天津、河北、山西、内蒙古、辽宁、福建、江西、山东、河南、湖北、湖南、广西、重庆、四川、贵州、宁夏、新疆）的现行加权费率水平处于以平均总成本法计算的基准费率区间内，即在现有交通量水平下，上述省区市现行加权费率水平可以维持高速公路的基本养护运营管理并按年偿付利息，但不能在剩余收费期限内偿清债务本金；有 5 个省区市（上海、江苏、浙江、安徽、广东）的现行加权费率水平高于以平均总成本法计算的基准费率高限，即在现有交通量水平下，上述省区市现行加权费率水平可以维持高速公路的基本养护运营管理并在剩余收费期限内偿清债务本金；有 6 个省区市（吉林、黑龙江、云南、陕西、甘肃、青海）的现行加权费率水平低于以平均总成本法计算的基准费率低限，即在现有交通量水平下，上述省区市现行加权费率水平不能维持高速公路的基本养护运营管理并按年偿付利息。综上可知，大部分省区市（23 个）可在现行费率水平和按照平均总成本法计算的基准费率间实现良好衔接，部分省区市（6 个）依据平均总成本法计算的费率低限高于现行加权费率水平，需制订过渡费率方案，以保证新旧定价原则下费率的平稳过渡。

各省区市以平均总成本法试算的基准费率区间（2018 年）　　表 4-1

省区市	单位里程收费交通量（折算为一类车/日）	加权剩余收费期限（年）	按平均总成本测算的基准费率［元/（车·km）］		一类客车加权收费费率［元/（车·km）］
			低限	高限	
北京	54160	11.3	0.358	0.662	0.484
天津	32651	12.4	0.405	0.824	0.525
河北	32475	8.9	0.312	0.800	0.417
山西	32414	13.0	0.345	0.727	0.360
内蒙古	9819	14.8	0.386	0.869	0.397
辽宁	17432	12.6	0.290	0.577	0.450

续上表

省区市	单位里程收费交通量(折算为一类车/日)	加权剩余收费期限(年)	按平均总成本测算的基准费率[元/(车·km)]		一类客车加权收费费率[元/(车·km)]
			低限	高限	
吉林	8293	13.2	0.649	1.396	0.450
黑龙江	6095	11.8	0.654	1.409	0.450
上海	46022	8.1	0.202	0.397	0.600
江苏	42633	9.9	0.165	0.300	0.468
浙江	51118	11.9	0.165	0.336	0.422
安徽	24794	20.6	0.180	0.282	0.451
福建	14283	8.7	0.551	1.696	0.580
江西	21465	17.3	0.315	0.506	0.450
山东	29887	6.8	0.178	0.444	0.404
河南	28253	14.3	0.268	0.550	0.479
湖北	15847	15.7	0.498	1.011	0.576
湖南	16573	15.6	0.456	0.983	0.467
广东	37947	14.0	0.239	0.479	0.522
广西	14196	15.6	0.403	0.868	0.474
重庆	18694	21.1	0.495	0.828	0.580
四川	21918	18.9	0.344	0.621	0.466
贵州	12515	19.7	0.630	1.227	0.649
云南	17676	21.6	0.533	0.953	0.496
陕西	19325	11.4	0.585	1.341	0.542
甘肃	12230	12.1	0.686	1.307	0.379
青海	3699	15.6	1.024	2.141	0.411
宁夏	11978	9.3	0.256	0.567	0.300
新疆	12723	13.9	0.215	0.411	0.326
全国平均	21880	14.2	0.336	0.679	0.469

2)上下浮动幅度

上下浮动幅度的测算需根据区域路网定价的政策目标(如缓解局部路网的拥堵、提高路网收费收入等),通过调整收费费率、动态分配路网交通量来求解目标函数。

本章应用的路网交通量动态分配模型算法和路径选择模型简述如下：

(1)路网交通量动态分配模型的架构。

路网交通量动态分配模型基于增量均值迭代法(the Method of Successive Average, MSA)的思路，以 Logit 概率模型作为路径选择模型，针对多车型场景下的大规模交通流分配，构建宏观混合交通流分配模型：随机用户均衡-增量迭代法(Stochastic User Equilibrium: the Method of Successive Average, SUE-MSA)。

根据对国内高速公路出行车辆的调查分析，对车辆路径选择影响较大的服务属性分别为高速公路通行费收费额、车辆在途时间和车辆运行成本。其中，通行费收费额和车辆运行成本反映了车辆出行的货币成本，车辆在途时间主要反映车辆出行的时间成本，而时间成本是由出行耗费的时间量和单位时间价值共同决定的。此外，不同车型在技术经济特点和使用群体上的差异性也会导致各车型在路径选择方面存在一定程度的固有偏好。

上述路网交通量动态分配模型的变量和常量见表 4-2。

交通量分配模型的变量和常量　　表 4-2

常量集	D	路网中具有交通需求的起讫点 OD 集合
	d	OD 索引编号，用以标识某一具体的 OD 对
	R_d	连通索引号为 d 的 OD 对间的行车路径集
	r	路径索引编号，用以标识某一具体路径
	k	车型索引，用以标识某一具体车型
	l	有向路段索引，用以标识路网中的路段
	Q_d^k	编号为 d 的 OD 对之间，第 k 种车型的交通量
	$a_l^r \in \{0,1\}$	布尔变量：如果行车路径 r 经过路段 l，此变量为 1；否则，为 0
变量集	f_{rd}^k	索引号为 d 的 OD 对间，选择行驶路径 r 的第 k 种车型的交通量
	q_l	路段 l 上的总交通量
	T_l^k	车型为 k 的车辆行经路段 l 的通行时间
	F_l^k	车型为 k 的车辆行经路段 l 的通行费
	C_l^k	车型为 k 的车辆行经路段 l 的其他衍生成本

车辆在途时间T_l^k、通行费收费额F_l^k、车辆运行成本等衍生成本C_l^k均可表述为基于交通流量、路段属性和车型的函数，具体如下：

$$T_l^k = g_1(q_l, k, l) \tag{4-2}$$

$$F_l^k = g_2(k, l) \tag{4-3}$$

$$C_l^k = g_3(q_l, k, l) \tag{4-4}$$

(2)路网交通量动态分配模型的算法。

模型算法见表4-3。

SUE-MSA 多车型宏观交通流分配算法 表4-3

阶段一	初始化分配
步骤1.1	对于有交通需求的目标集中的每对OD,将其各车型的交通量分配至此起讫点间的最短物理路径,进而得到每条路段的交通量: $$q_l^{k,(0)} = \sum_{\forall d \in D} \sum_{\forall k} Q_d^k \times a_l^{r\text{best}} \quad \forall k$$
步骤1.2	根据上述0-1流量分配下的交通流空间分布,更新路网中各路段的时间、和行车损耗成本: $$T_l^k = g_1(q_l, k, l) \quad \forall l, k$$ $$C_l^k = g_3(q_l, k, l) \quad \forall l, k$$
步骤1.3	采用Logit概率模型计算初始化条件下各OD对下所有可行路径对于不同车型的路径选择概率: $$P_{rd}^{k,(0)} = \frac{e^{\theta_k \times U_{rd}^k}}{\sum_{\forall x \in R_d} e^{\theta_k \times U_{xd}^k}}$$ 式中,$U_{rd}^k \in (-\infty, 0)$为第$k$种车型在OD对$d$下行驶路径$r$的行车效益值;$\theta_k \in (0, \infty)$为Logit模型的尺度参数,此参数越大,表示路径选择概率对于行车效益值的差距越不敏感
阶段二	基于均值增量迭代法(MSA)的概率均衡(SUE)分配
步骤2.1	设置: 迭代变量:$n = 1$; 最大均衡迭代上限为:$N = n_{\max}$; 最大交通均衡误差为:ε 首轮迭代行车路径选择概率$P_{rd}^{k,(n)} = P_{rd}^{k,(0)} \quad \forall d, \forall k, \forall r$ 各车型交通量空间分布变量:$q_l^k = q_l^{k,(0)}$
步骤2.2	根据$P_{rd}^{k,(n)}$,将各OD对下各车型交通需求量分配至路网,得到: $$f_{rd}^{k,(n)} = \sum_{\forall d \in D} \sum_{\forall k} \sum_{\forall r \in R_d} Q_d^k \times a_l^r \times P_{rd}^{k,(n)}$$
步骤2.3	计算路网中各路段的增广流量变量: $$X_l^{k,(n)} = \sum_{\forall d \in D} \sum_{\forall k} \sum_{\forall r \in R_d} f_{rd}^{k,(n)} \times a_l^r \quad \forall l, \forall k$$
步骤2.4	根据上轮迭代所得交通量分配结果和此轮所得迭代流量结果分配结果对各车型交通量空间分配结果进行校正: $$q_l^{k,(n+1)} = q_l^{k,(n)} + \frac{X_l^{k,(n)} - q_l^{k,(n)}}{n+1} \quad \forall l, \forall k$$

续上表

阶段二	基于均值增量迭代法(MSA)的概率均衡(SUE)分配
步骤2.5	当如下条件之一成立时,停止算法,返回结果 q 终止条件(1): $$n \geqslant N$$ 终止条件(2): $$\sum_{\forall l \in L}\sum_{\forall k \in K}\frac{\lvert X_l^{k,(n)} - q_l^{k,(n)}\rvert}{\lvert L\rvert \times \lvert K\rvert} \leqslant \varepsilon$$ 否则:$n = n + 1$,返回步骤2.2

(3)路径选择概率模型。

在上述算法中,基于Logit函数的路径选择概率模型是随机路径选择分析的核心,其具体数学表达式如下:

$$P_{rd}^k = \frac{e^{\theta_k \times U_{rd}^k}}{\sum_{\forall x \in R_d} e^{\theta_k \times U_{xd}^k}} \tag{4-5}$$

式中:U_{rd}^k——第k种车型在OD对d下行驶路径r的出行效用值$U_{rd}^k \in (-\infty, 0)$。

在本章中,出行效用值由如下公式计算得到:

$$U_{rd}^k = -a \times (e^k \times T_{rd}^k) - b \times F_{rd}^k - c \times C_{rd}^k \tag{4-6}$$

在式(4-6)中,e^k为第k类车型在行驶过程中的时间价值;$a \geqslant 0, b \geqslant 0, c \geqslant 0$为权重参数。此效用值越大,代表相应路径的行车阻抗越小,进而此路径被选择的概率将会越大。出行者会以最大的概率选择对自身效用最高的出行路径。

参数$\theta_k \in (0, \infty)$为Logit模型的尺度参数,此参数越大,表示路径选择概率对于行车效益值的差距越不敏感。

(4)交通量(V)-车速(S)模型。

路径选择模型中的通行费和车辆运营成本均可依据实际调研数据确定。

在本章中,各出行路径车速采用世界银行*Study of Prioritization of Highway Investment and Improving Feasibility Study Methodologies*推荐的交通量-车速关系测算方法以及我国公路路网实测数据所拟合的适用车速-流量模型共同确定。

交通量(V)-车速(S)关系如下:

$$S = \frac{\alpha_1 \times S}{1 + \left(\frac{V}{C}\right)^{\beta}}$$

$$\beta = \alpha_2 + \alpha_3 \times \left(\frac{V}{C}\right)^3$$

式中：　　C——道路通行能力；

α_1、α_2 和 α_3——回归参数；

β——拥挤度折算校正系数。

交通量-车速模型参数见表 4-4。

各等级公路交通量-车速通用模型参数表　　表 4-4

公路类型	设计车速 S (km/h)	道路通行能力 C (pcu/h)	α_1	α_2	α_3
高速公路	120	2200	0.93	1.88	4.85
	100	2200	0.95	1.88	4.86
	80	2000	1.00	1.88	4.90
	60	1800	1.20	1.88	4.88
一级公路	100	2100	0.93	1.88	4.93
	80	1950	0.98	1.88	4.88
	60	1650	1.10	1.89	4.85
二级公路	80	1400	0.95	1.88	6.97
	40	900	1.40	1.88	6.97

4.3 算　例

本章以江西省高速公路网为例，测算收费收入最大化目标下的高速公路费率优化方案。测算所用江西省收费公路统计数据、高速公路和普通公路交通量统计数据、高速公路运营管理数据均为 2017 年数据。

4.3.1 江西省高速公路网概况

1）路网基本情况

截至 2017 年末，江西省高速公路通车里程为 5916km（高速公路通车里程位居全国第 7 位），打通了 28 个出省通道，是继河南、辽宁后第三个实现全省县县通高速公路的省，全面实现了县城半小时上高速公路；构建了南昌到各省辖市 3h、到周边省会 5h 的经济交通圈，形成了“纵贯南北、横跨东西、覆盖全省、连接周边”的高速公路网络。

2017 年，江西省高速公路完成收入 192.3 亿元，其中，通行费收入 189.5 亿元，路产损害赔偿收入 0.31 亿元,清障救援收入 0.01 亿元,服务设施经营收入 0.37 亿元,广告经营收入 0.01 亿元,财政补贴收入 1.62 亿元,其他收入 0.48 亿元。同期,全省高速公路支出为 225.2 亿元,其中,还本付息支出 140.1 亿元,养护支出 46.0 亿元,附属设施改建工程支出 0.13 亿元,公路改建工程支出 8.25 亿元,运营管理支出 18.7 亿元,服务设施经营支出 0.11 亿元,广告业务经营支出 0.0006 亿元,税金支出 8.94 亿元,行政事业性规费支出 2.79 亿元,其他费用支出 0.14 亿元。

2)现行收费标准

江西高速公路车辆通行费的计收分为按车型收费和计重收费两种方式。客车行驶高速公路按车型收费方式计收。货车及客货两用车辆行驶高速公路原则上按计重收费方式计收,当计重收费系统发生故障时按车型收费方式计收。

(1)车型收费标准。根据江西省交通厅、省发展和改革委员会、省财政厅《关于全省高速公路统一车型分类及统一收费标准的通知》(赣交财审字〔2004〕123 号)和江西省发展和改革委员会、省交通运输厅、省财政厅《关于调整全省高速公路车辆通行费收费标准的通知》(赣发改收费字〔2013〕583 号),全省高速公路车型收费标准及车型分类见表 4-5。

江西省高速公路车型收费标准及车型分类表　　表 4-5

车型类别	客　车	货　车		收费标准[元/(车·km)]
		普通货车	国际标准集装箱车辆	
一类	≤7 座	≤2t		0.45
二类	8~19 座	2.1~5t		0.80
三类	20~39 座	5.1~10t	本省籍 40ft[①]、20ft(一只或两只)国际标准集装箱;外省籍 20ft 国际标准集装箱一只	1.15
四类	≥40 座	10.1~15t	外省籍 40ft、20ft(两只)国际标准集装箱	1.50
五类		15.1~20t		1.85
六类		20.1~25t		2.10
		≥25.1t		25t 以上每增加 5t 加价 0.4 元

① 1ft(英尺)=0.3048m。

(2)货车计重收费标准。根据江西省发展和改革委员会、省交通运输厅、省财政厅《关于调整全省高速公路车辆通行费收费标准的通知》(赣发改收费字〔2013〕583号)和江西省发展和改革委员会、省财政厅、省交通运输厅《关于调整全省收费公路载货汽车超限运输计重收费标准的通知》(赣发改收费字〔2012〕1097号),全省高速公路货车计重收费标准见表4-6。

江西省高速公路货车计重收费标准表 表4-6

车辆类别	计费依据	分 档	费 率
合法装载车辆	车货总质量	≤10t	按基本费率0.09元/(t·km)计收
		10t<车货总质量≤40t	10t(含)以下部分,按基本费率计收;10t以上部分,按0.09元/(t·km)线性递减至0.045元/(t·km)计收
		>40t	10t(含)以下部分,按基本费率计收;10t以上部分,按0.045元/(t·km)计收
超限运输车辆	超限率	30%(含)以下	车货总质量中未超过公路承载能力认定标准部分质量按正常车辆收费标准计算,超限部分质量按基本费率计收
		30%~100%(含)	车货总质量中超过公路承载能力认定标准30%(含)以下的部分按基本费率计收;超过公路承载能力认定标准30%以上的质量部分按基本费率的3倍线性递增至6倍计收
		100%以上	车货总质量中超过公路承载能力认定标准30%(含)以下的部分按基本费率计收;超过公路承载能力认定标准30%以上的质量部分按基本费率的6倍计收

注:质量不足5t按5t计,计费不足5元按5元计。通行费的收取,2.49元以下舍,2.50~7.49元按5元计,7.50~9.99元按10元计。

4.3.2 江西省高速公路交通量特征分析

(1)交通量集中于主要高速公路通道,但在通道内各高速公路线路之间分配不均衡。

受地理区位、城镇布局、经济联系等多重因素的影响,江西省内和对外的交通联系主要集中于东西向的沪昆通道、南北向的京九通道、东南方向的入闽通道,而随着江西高速公路网络的完善,长三角与珠三角之间、广东与湖北之间的过境交通也大量取道江西。目前,沪昆通道内的高速公路线路包括G60沪昆高速公路江西段和并行的德昌、昌栗、昌铜高速公路;京九通道内的高速公路线路包括G70福银高速公路昌九段、昌泰高速公路、G45大广高速公路泰赣、赣定段和并行的昌宁、宁定高速公路；东南方向的入闽通道主要包括 G70 福银高速公路乐温、温沙段、G72 泉南高速公路石吉段、G76 厦蓉高速公路隘瑞、瑞赣段。长三角—珠三角过境车辆主要经由 G60 梨温段、G35 鹰瑞段、宁定高速公路过境江西，其路线北段和南段分别与沪昆通道、京九通道重合；粤鄂过境车辆主要经由 G45 江西段过境江西，其路线南段与京九通道重合。

2017 年，沪昆通道和京九通道主线、长三角—珠三角过境通道为全省高速公路交通量最集中的路段，通道主线交通量基本均在 25000pcu/日以上（沪昆高速公路东乡—昌傅段由于东昌高速公路分流导致主线流量略低），其中，沪昆通道梨温段、京九通道九江二桥、昌九段、泰赣段的折算交通量达 33000pcu/日以上，拥挤度超过 0.65，路段重载货车多，交通拥堵和安全隐患较大。而沪昆、京九通道内并行的、通车时间较短的昌栗、昌铜、昌宁、宁定高速公路的加权交通量均在 10000pcu/日以下，拥挤度不足 0.20。通道内并行的各高速公路线路交通量分配不均衡，致使部分高速公路资源未能充分利用，也加剧了通道主线的交通安全和保畅压力，制约了路网效能的充分发挥（表 4-7）。

江西省主要高速公路通道交通量和拥挤度分析（2017 年）　　表 4-7

通道		路段	分车型交通量（辆/日，自然数）			折算数合计（pcu/日）	拥挤度
			客车	货车	集装箱		
沪昆	主线	梨温	8592	10930	217	34716	0.69
		温厚	5166	3883	53	13690	0.27
		昌樟	12045	6525	92	26713	0.30
		昌金	7111	6609	34	22243	0.44
	并行线	德昌	6502	2062	23	10677	0.21
		昌栗	4113	2224	45	8957	0.18
		昌奉	7455	1344	9	9698	0.19
		奉铜	2278	1139	9	4674	0.09
京九	主线	九江二桥	9987	12139	189	37641	0.75
		昌九	13333	9899	115	35732	0.71
		昌泰	7980	7438	88	25306	0.51
		泰赣	9935	10040	125	33092	0.66
		赣定	10648	6823	232	25936	0.52
	并行线	昌宁	1339	549	3	2452	0.05
		宁定	4850	1171	79	7496	0.17

续上表

通　　道		路段	分车型交通量(辆/日,自然数)			折算数合计(pcu/日)	拥挤度
			客车	货车	集装箱		
入闽	福银	乐温	12000	7664	54	28519	0.41
		温沙	5505	3945	13	13924	0.31
	泉南	石吉	2507	2161	5	7367	0.15
	厦蓉	隘瑞	2646	3175	70	9962	0.22
		瑞赣	8885	7051	98	24320	0.49
长三角—珠三角过境		鹰瑞	4319	9726	187	27599	0.55
粤鄂过境		武吉	3742	3311	22	11194	0.22

(2)高速公路过境车辆比例较大,部分地市交通需求的省外依存度较高。

由于江西极佳的地理区位和完善的交通基础设施,大量车辆都经由高速公路过境江西。2017 年,由省界站进入江西高速公路的过境车辆共 873 万车次(占省界站入口总车次的 31%),过境车辆通行费收入共 45.0 亿元(占省界站入口车辆通行费收入的 55%),其中,经由沪昆、长三角—珠三角、粤鄂通道过境的车辆共 383 万次(占过境车辆总车次的 43%),收入共 28.8 亿元(占过境车辆总收入的 64%),上述三个高速公路通道过境重载货车收入占当年全省高速公路收费收入的 12.6%(表 4-8)。

江西省高速公路通道过境交通量及收入(2017 年)　　表 4-8

过 境 通 道	通行车次(万次)	总收入(万元)	重载货车通行车次(万次)	重载货车收入(万元)
沪昆通道	170	115597	88	93903
长三角—珠三角	87	96338	62	89644
鄂粤通道	126	75754	53	55372
合计	383	287689	203	238919

在周边省区市的经济辐射影响下,江西省部分地区出省交通量比例较高。2017 年,由上饶、鹰潭、宜春、萍乡市区周边收费站进入高速公路的车辆中,出省车次占比为 14% ~39%,出省车辆通行费收入占比为 29% ~40%,见表 4-9。

(3)部分高速公路交通量较小,导致道路资源闲置,路网效益未能充分发挥。

江西是革命老区,省内各地区经济社会发展水平存在较大差异,部分高速公路沿线为山区或集中连片特困地区,经济社会发展水平有待提高,交通需求不足。例如,2017 年铜万、修平、泰井、井睦等连接贫困地区的高速公路,日平均交通量仅为

800~2200pcu 左右，拥挤度不足 0.05，单位里程收费收入均在 61 万元以下（表 4-10）。

江西部分省辖市周边收费站出省车次和收入分析(2017 年)　　表 4-9

入口收费站		总车次（万车次）	通行费总收入（万元）	出省车次（万车次）	出省车辆通行费收入（万元）	车次占比（%）	收入占比（%）
上饶	梨温路上饶东站	116	5020	22	1185	19	24
	梨温路上饶经开区站	46	5471	9	2183	20	40
	梨温路上饶西站	122	6533	20	1647	16	25
	合计	284	17024	51	5015	18	29
鹰潭	景鹰路鹰潭南站	67	7768	10	2261	14	29
	梨温路鹰潭东站	55	3594	7	876	12	24
	梨温路鹰潭西站	45	3483	6	1290	14	37
	合计	168	14845	23	4426	14	30
宜春	昌金路宜春站	92	7827	17	2726	18	35
	万宜路袁州站	54	3333	9	1251	17	38
	合计	145	11160	26	3977	18	36
萍乡	昌金路萍乡站	80	4687	29	1653	36	35
	萍洪路萍乡北站	78	2814	33	1349	42	48
	合计	158	7501	62	3002	39	40

此外，省内部分高速公路由于通道内其他高速公路尚未建成，或并行普通公路的分流，导致交通量明显低于设计通行能力。例如，莆炎高速公路泰和—广昌段尚未建成，导致船广、泰井、井睦段交通量偏低；资里高速公路本为便捷的入闽通道，但由于福建省境内顺昌—邵武高速公路当时尚未建成，导致通道效应未能形成。

江西交通量较小的部分高速公路(2017 年)　　表 4-10

路段	分车型交通量（辆/日，自然数）			折算数合计（pcu/日）	拥挤度	单位里程收入（万元）
	客车	货车	集装箱			
德上	2835	560	3	3757	0.08	80
上武	1409	963	1	3353	0.07	72
上万	2172	1032	2	4276	0.10	69
泰井	1769	274	0	2207	0.05	61

续上表

路段	分车型交通量(辆/日,自然数)			折算数合计(pcu/日)	拥挤度	单位里程收入(万元)
	客车	货车	集装箱			
都九	324	155	0	650	0.01	61
祁浮	1210	400	0	2013	0.04	51
九绕	657	328	0	1335	0.03	43
井睦	1351	254	0	1743	0.04	38
铜万	835	272	0	1330	0.03	23
修平	629	108	0	818	0.02	15
船广	340	172	0	667	0.01	12

(4)大中城市周边及城镇密集区域高速公路交通量较大,且对中心城市依存度高。

江西省内的大中城市大多位于沪昆、京九等交通走廊内,城镇密集区域也主要依托交通线网形成。在全省城镇化进程不断推进的背景下,大中城市周边及城镇密集区域的高速公路交通量普遍较高,且呈现出较强的中心城市依存特征。例如,2017 年由赣州市城区周边县市收费站进入高速公路的车辆中,有 51% 的车次的目的地为赣州城区,其通行费收入在上述入口收费站通行费总收入中占比为 35%(表 4-11)。

赣州周边县市对赣州的车次和收入分析(2017 年)　　表 4-11

入口收费站	总车次(万车次)	通行费收入(万元)	至赣州车次数(万车次)	至赣州车辆通行费收入(万元)	车次占比(%)	收入占比(%)
赣崇路上犹东站	91	2327	62	1008	68	43
赣崇路上犹西站	22	511	7	120	32	23
赣定路信丰站	84	5051	31	1063	37	21
瑞赣路于都站	101	2960	38	987	38	33
兴赣路兴国南站	59	2464	44	1418	74	58
兴赣路兴国县城站	12	564	7	281	63	50
总计	368	13877	189	4878	51	35

江西省高速公路的交通量特征是江西省经济和城镇体系特点的重要印证。

江西是中部地区和长江经济带中唯一同时毗邻长江三角洲、珠江三角洲和海峡西岸经济区的省份,是东部沿海地区的直接经济腹地,同时又是长江中游经济区的重要组成部分,环鄱阳湖生态经济区与武汉城市圈、长株潭城市群、皖江城市带共同构成了作为国家发展核心之一的长江中游城市群。江西在国家发展全局中所具有的转承接启的区域地位,使江西成为实现东西融合、南北对接的重要桥梁和纽带,而江西与东部沿海地区的发展差距又决定了全省经济联系的外向特征。正是在极佳的区位条件、完善的高速公路网络和经济联系外向特征的共同影响下,江西省高速公路通道交通量呈现出较强的过境特征和对外依存特征,这两大特征共同构成了江西省高速公路通道交通量中相对稳定的基底。

江西介于长江三角洲、珠江三角洲和江汉平原之间,全省约三分之二的地区为丘陵盆地,而各区域之间又为鄱阳湖-赣江水系串联。在历史上江西经济一直以自给自足的农业经济为基础,每个盆地(或被自然分隔的小区域)各成单元,盆地或区域性的中心城市历千年而久盛,全省城镇网络完善,但中心城市的辐射能量始终不足,难以达于其所在的小区域之外,各城市之间的经济联系也相对较弱,省会南昌的发展虽卓然于省内各市之上,但既非更大区域的经济核心,其影响也未能及于全省域。河湖丘陵盆地等自然条件的制约导致江西城镇体系在发展过程中始终表现出对于交通条件的高度依赖,而各区域自成单元的传统经济联系又直接形成了区域中心城市与周边地区较为频繁的交通联系。由于城市群、城镇密集区域与主要交通走廊重合和中心城市对周边区域的经济联系,大量中短途交通量被叠加分配到高速公路通道和城市周边区域,从而使高速公路通道交通量在不同路段表现出一定的波动特征,也造成高速公路交通量分配的不均衡。

4.3.3 江西高速公路网费率优化目标函数和步骤

1)目标函数

本次测算中,江西高速公路费率优化的目标函数为路网通行费收入最大,其数学表达式为:

$$\begin{aligned} Z &= f(\boldsymbol{q}) = f(\mathrm{Sim}(\boldsymbol{X} \mid \boldsymbol{Y} = \widehat{\boldsymbol{Y}})) \\ &= \sum_{\forall l} \sum_{\forall k} F_l^k \times q_l^k = \sum_{\forall l} \sum_{\forall k} \boldsymbol{X}_{k,l} \times \mathrm{Sim}\,(\boldsymbol{X} \mid \boldsymbol{Y} = \widehat{\boldsymbol{Y}})_{k,l} \end{aligned}$$

对于此目标函数的求优可进一步阐述为,寻找最优费率定价组合集 $\boldsymbol{X}$,使得目标函数 Z 最大,即

$$\boldsymbol{X}^* = \underset{X}{\operatorname{argmax}}(Z = f(\mathrm{Sim}(\boldsymbol{X} \mid \boldsymbol{Y} = \widehat{\boldsymbol{Y}})))$$

2)路网基准费率

对江西省高速公路网的测算,以满足养护管理和偿还债务利息需要为低限、以

满足养护管理需要且在现有经营期限内偿清全部债务为高限的基准费率区间。如高速公路网现行加权费率水平处于路网基准费率区间内，则可进入上下浮动幅度的测算。

3）上下浮动幅度

由于求解算例目标函数的计算过程耗时多，且目标函数与解空间具有高度的非线性和非凸性，传统意义上的梯度求优的算法在本算例中将无法奏效。因此，本章选用基于多维网格空间的粒子群（Grid－PSO）启发式算法对目标变量进行寻优。具体算法步骤见表4-12，流程框图见图4-1。

基于多维网格空间的粒子群非线性求优算法　　表4-12

步骤1	定义多维网格解空间X_{space}： $$X_{\text{space}}=\{F_{1,\text{space}},\cdots,F_{l,\text{space}},\cdots\}$$ $$F_{l,\text{space}}=\begin{pmatrix}0.6\widehat{F_l^1},0.65\widehat{F_l^1},\cdots,1.35\widehat{F_l^1},1.4\widehat{F_l^1}\\ \vdots\\ 0.6\widehat{F_l^k},0.65\widehat{F_l^k},\cdots,1.35\widehat{F_l^k},1.4\widehat{F_l^k}\end{pmatrix}$$ 式中：$\widehat{F_l^k}$——第k类车型通行路段l的现行收费额； $F_{l,\text{space}}$——路段l针对1～k类车型的各种潜在可行收费额（基于现行收费标准）
步骤2	初始化PSO算法参数： （1）寻优粒子数：M； （2）各粒子最大寻优次数（算法迭代次数）：N； （3）各粒子在自己历史寻优路径中已搜寻到的最优解： $$Z_m^{\text{best}}=0\qquad\forall m$$ （4）全局最优解： $$Z^{\text{best}}=f(\text{Sim}(\widehat{X}\mid Y=\widehat{Y}))$$ 即，现行总收费额
步骤3	初始化各寻优粒子在解空间中的起始位置： $$X_m^{(n=0)}=\text{rand}(X_{\text{space}})\qquad\forall m$$ 式中：m——粒子的索引编号； n——寻优轮次。 更新 $$Z_m^{\text{best}}=f(\text{Sim}(X_m^{(n=0)}\mid Y=\widehat{Y}))$$

续上表

步骤 4	对于各个粒子,根据其当前所在的解空间位置,计算目标函数值(交通流分配仿真): $$Z_m^{(n)}=f(\mathrm{Sim}(X_m^{(n)}\mid Y=\widehat{Y}))$$
步骤 5	对于每个寻优粒子 m: 如果:$Z_m^{(n)}>Z_m^{\mathrm{best}}$: $$Z_m^{\mathrm{best}}=Z_m^{(n)}$$ $$X_m^{\mathrm{best}}=X_m^{(n)}$$ 否则:跳过对于此粒子的最优解空间位置更新
步骤 6	遍历各粒子 m,更新全局最优变量: 如果: $$\max(Z_1^{(n)},\cdots,Z_m^{(n)})>Z^{\mathrm{best}}$$ $$Z^{\mathrm{best}}=\max(Z_1^{(n)},\cdots,Z_m^{(n)})$$ $$X^{\mathrm{best}}=\arg\max_{X_m^{\mathrm{best}}}\{Z\mid X_1^{\mathrm{best}},\cdots,X_m^{\mathrm{best}}\}$$ 否则:跳过更新全局最优解及相应最优解空间变量
步骤 7	结合截至本轮次所得到的全局最优解空间位置和各粒子各自历史轮次中的最优解空间位子更新各粒子在下一轮次中的解空间位置: $$X_m^{(n+1)}=X_m^{(n)}+\alpha\times(X_m^{\mathrm{best}}-X_m^{(n)})+\beta\times(X^{\mathrm{best}}-X_m^{(n)})$$ $$\alpha=\mathrm{random}(0,1)$$ $$\beta=\mathrm{random}(0,1)$$ 式中:α、β——0~1 之间的随机数
步骤 8	如果 $n\geqslant N$: 终止算法,返回最优解X^{best} 否则: $$n=n+1$$ 返回步骤 4

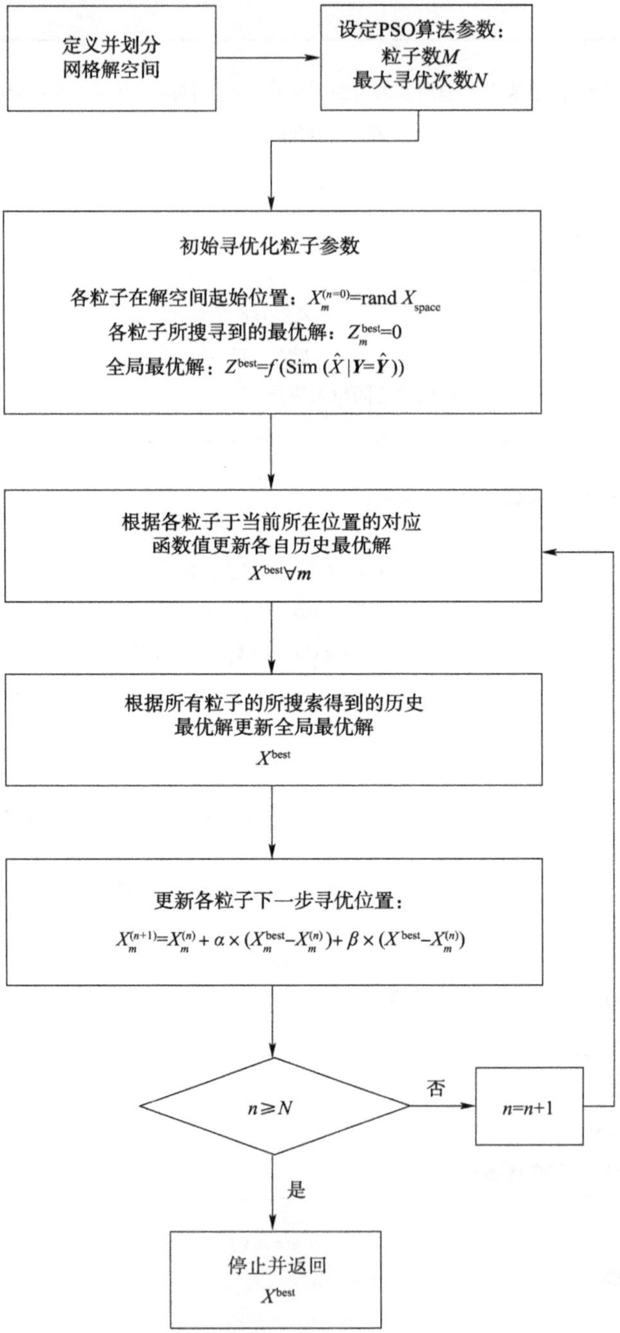

定义并划分网格解空间

设定PSO算法参数：
粒子数M
最大寻优次数N

初始寻优化粒子参数

各粒子在解空间起始位置：$X_m^{(n=0)}=\text{rand}\ X_{\text{space}}$
各粒子所搜寻到的最优解：$Z_m^{\text{best}}=0$
全局最优解：$Z^{\text{best}}=f(\text{Sim}\ (\hat{X}\,|\,\boldsymbol{Y}=\hat{\boldsymbol{Y}}))$

根据各粒子于当前所在位置的对应函数值更新各自历史最优解
$X^{\text{best}}\forall \boldsymbol{m}$

根据所有粒子的所搜索得到的历史最优解更新全局最优解
X^{best}

更新各粒子下一步寻优位置：
$X_m^{(n+1)}=X_m^{(n)}+\alpha\times(X_m^{\text{best}}-X_m^{(n)})+\beta\times(X^{\text{best}}-X_m^{(n)})$

$n\geqslant N$

否：$n=n+1$

是

停止并返回
X^{best}

图 4-1　基于多维网格空间的粒子群仿真寻优启发式算法框图

4.3.4 江西省高速公路交通量分配模型及其标定

1)路网基准费率

2017 年,江西省高速公路养护支出为 46.0 亿元,运营管理支出为 18.7 亿元,偿还债务资金利息支出为 64.0 亿元。2017 年,全省高速公路共行驶 421 亿/(车·km)。全省高速公路加权剩余收费期限为 18.3 年。

据此可以算出,能够满足养护管理和偿还债务利息需要的路网基本费率低限为 0.306 元/(车·km),能够满足养护管理需要且可在剩余收费期限内偿清全部债务的路网基准费率高限为 0.499 元/(车·km)。

2017 年,江西省路网加权平均费率为 0.450 元/(车·km),处于上述测算的路网基准费率区间内,可以进入上下浮动幅度的优化测算。

2)路径选择模型标定结果

江西省干线路网拓扑结构见图 4-2。江西省干线路网的路径选择模型参数标定结果见表 4-13。

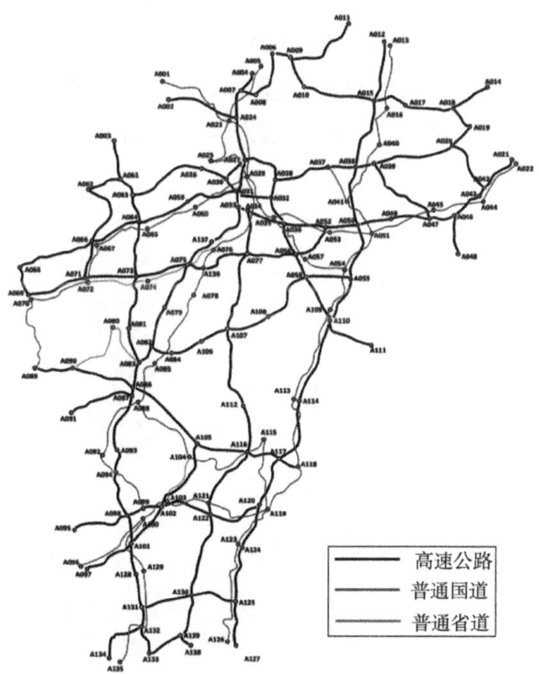

图 4-2 江西省干线公路拓扑图

江西省干线公路网路径选择模型参数标定结果　　表 4-13

车　型 k	a	b	c	θ_k
中小型客车	-0.3	-0.7	-0.3	100
大型客车	-0.15	-2.36	-0.79	200
中小型货车	-0.27	-0.95	-0.74	200
大型货车	-0.2	-0.3	-0.3	200

从表 4-13 中可以看出,中小型客车对于出行效用值的变化相较其他三类车型更为敏感(θ_k较小)。在出行效用值敏感度相同的情况下,参数 a、b、c 的数值可以反映出某车型对于哪类成本的变化更为敏感。对于中小型客车而言,通行费对其行车路径选择的影响力比其他两种成本更大;对于大型客车和中小型货车而言,时间成本比其他两项成本对其路径选择的影响更小;对大型货车而言,时间成本、通行费和油耗对其路径选择的影响力大致相当。

4.3.5 江西高速公路网费率优化结果

1)各路段客货车辆费率的最优调整幅度

基于前述目标函数和交通量分配模型对高速公路不同路段区间费率寻优,求解得出的客车、货车各车型最优费率,分别以与现状各路段费率的最优调整幅度表示,详见图 4-3、图 4-4。

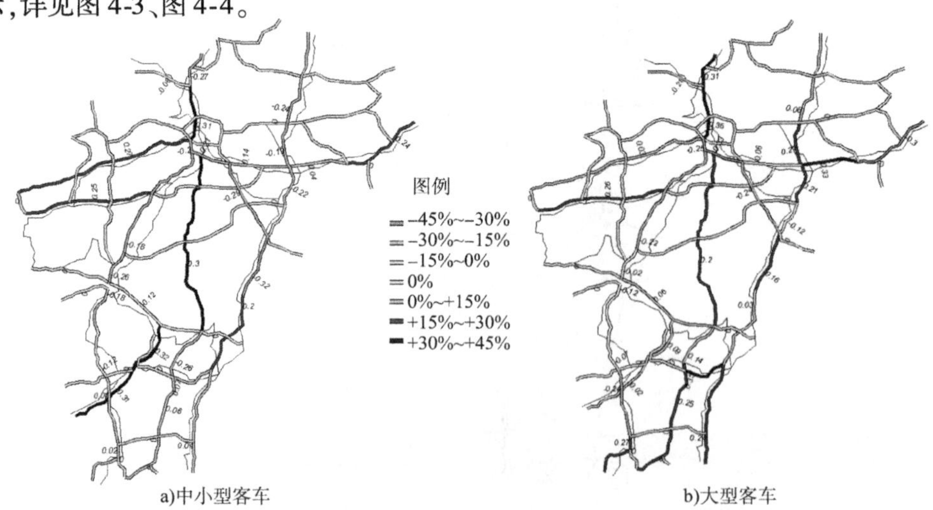

图 4-3　江西省客车车型费率最优调整幅度(相比现行费率标准)

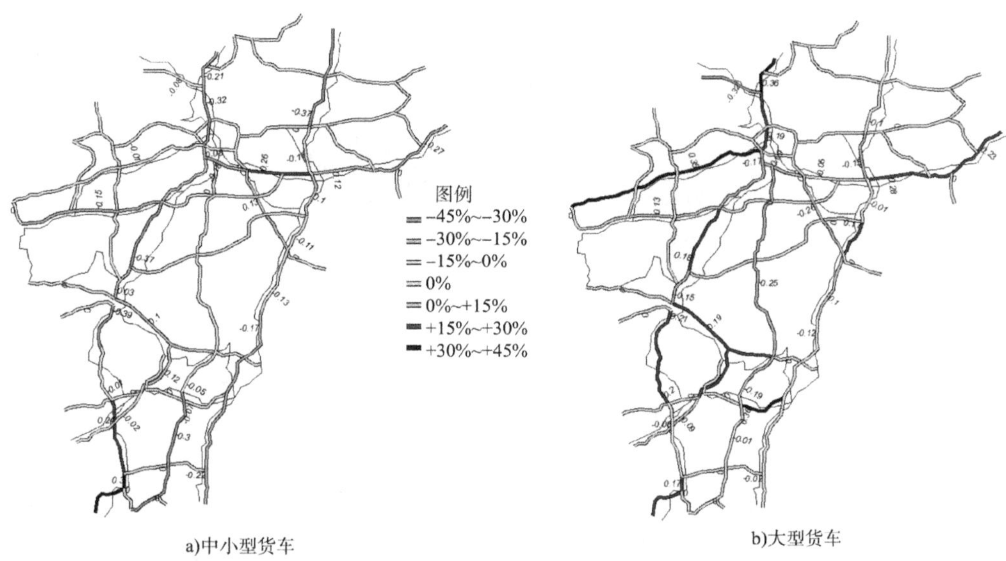

图 4-4　江西省货车车型费率最优调整幅度(相比现行费率标准)

2)费率优化后的路网收费收入

费率优化后,预计江西省高速公路网日均收费收入为 5948 万元,较现行收费费率下的单日收费收入增加 270 万元,增幅为 4.8%,如图 4-5、图 4-6 所示。

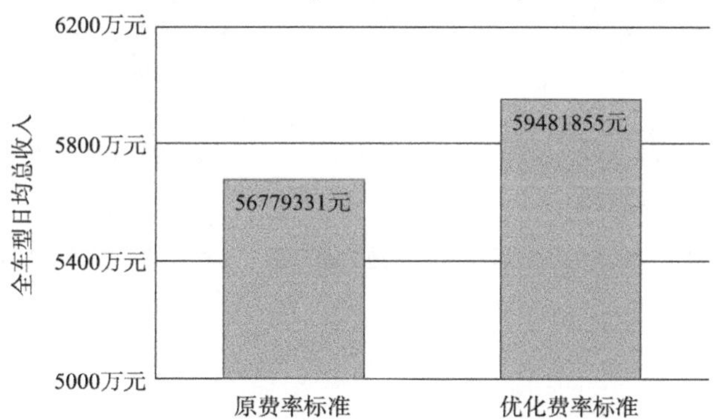

图 4-5　费率优化前后江西省高速公路网的日均收费收入

3)费率优化后的路网拥挤度

费率优化后,江西省高速公路和国省干线公路的拥挤度整体保持稳定。预计费率调整后高速公路、普通国省干线公路的整体拥挤度分别为 0.44 和 0.78,如图 4-7 所示。

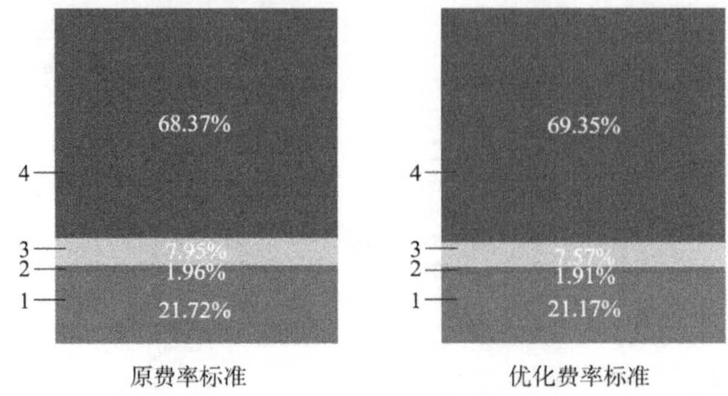

图 4-6　费率优化前后江西省高速公路网收费收入的车型构成

1-中小型客车;2-大型客车;3-中小型货车;4-大型货车

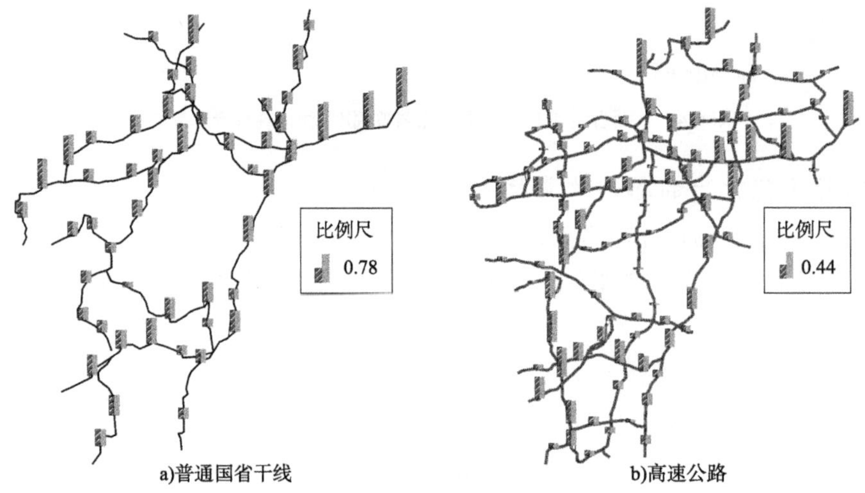

图 4-7　费率优化前后江西省高速公路和国省干线公路的拥挤度对比

5 基于区域路网的收费公路平行路段和分时段差别定价方法

本章探讨了基于社会福利目标或收费效益目标的收费公路平行路段和分时段差别定价方法,分析了比较不同定价方法所得结论的经济学含义,并结合算例说明收费公路平行路段和分时段差别定价方法在实践中的应用。

5.1 平行路段差别定价方法

尽管平行路段差别定价的判断标准是区段或里程,但计费依据仍为车型(全车型或某一车型)。因此,对平行路段差别定价方法的探讨在实质上就是对不同政策目标下收费公路之间、收费公路与非收费公路之间费率确定方法的研究。

本节分别探讨收费公路之间、收费公路与非收费公路平行路段之间基于社会福利最大化或通行费收入最大化的定价方法。

1)讨论的几种情形

本节的讨论包括以下四种情形:

(1)两条收费公路之间基于社会福利最大化的定价方法(情形一)。

(2)两条收费公路之间基于收费收入最大化的定价方法(情形二)。

(3)一条收费公路与一条普通公路之间基于社会福利最大化的定价方法(情形三)。

(4)一条收费公路与一条普通公路之间基于收费收入最大化的定价方法(情形四)。

为简化说明,以下以路径 a、b 代表两条收费公路,路径 c 代表一条普通公路,情形一、二的讨论针对 a、b 之间展开,情形三、四的讨论针对 a、c 之间展开。

2)相关符号定义

符号定义如下:

v_i——路径 i 的交通量;

v——路网的总交通量，在情形一、二下，有 $v=v_a+v_b$，在情形三、四下，有 $v=v_a+v_c$；

$D(v)$——路网的出行需求，为交通量 v 的函数，由于 $D(v)$ 为函数而非固定值，因此，在收费费率变化时带来的影响是双重的，一是对总需求的影响（如出行者是否转向其他出行方式），二是对交通量在两条路径之间分配的影响；

$C_i(v_i)$——路径 i 的出行成本，其为相应路径交通量 v_i 的函数，为简化计算，本节讨论中对出行成本函数不再进一步展开；

f_i^j——在第 j 种情形下，路径 i 的最优收费费率。

3）对收费公路平行路段的讨论

（1）基于社会福利最大化的定价方法（情形一）。

在福利经济学中，社会福利最大化可表述为消费者剩余最大化，约束条件则为 Wardrop 定义的路网均衡。构造拉格朗日函数对此问题简要求解如下：

$$L=\int_0^v D(v)\mathrm{d}v-v_aC_a(v_a)-v_bC_b(v_b)+\lambda_a[D(v)-C_a(v_a)-f_a^1]+\lambda_b[D(v)-C_b(v_b)-f_b^1]$$

对上式各变量求一阶偏导数，有

$$\frac{\partial L}{\partial v_a}=D(v)-C_a(v_a)-v_aC_a'(v_a)+\lambda_a[D'(v)-C_a'(v_a)]+\lambda_bD'(v)$$

$$\frac{\partial L}{\partial v_b}=D(v)-C_b(v_b)-v_bC_b'(v_b)+\lambda_aD'(v)+\lambda_b[D'(v)-C_b'(v_b)]$$

$$\frac{\partial L}{\partial f_a^1}=-\lambda_a$$

$$\frac{\partial L}{\partial f_b^1}=-\lambda_b$$

$$\frac{\partial L}{\partial \lambda_a}=D(v)-C_a(v_a)-f_a^1$$

$$\frac{\partial L}{\partial \lambda_b}=D(v)-C_b(v_b)-f_b^1$$

令上述各偏导数为0，联立求解，得

$$\begin{cases}f_a^1=v_aC_a'(v_a)\\ f_b^1=v_bC_b'(v_b)\end{cases}$$

由结论可知,在社会福利最大化的情形下,两条收费公路的最优费率f_a^1、f_b^1分别仅与其路径本身的交通量和成本函数有关,而与另一条路径的交通量和固有属性无关,也与出行需求函数无关。

此时,两条收费公路最优费率之差为:

$$f_a^1 - f_b^1 = v_a C_a'(v_a) - v_b C_b'(v_b)$$

(2)基于收费总收入最大化的定价方法(情形二)。

此情形的约束条件与情形一相同,拉格朗日函数为:

$$L = f_a^2 v_a + f_b^2 v_b + \lambda_a [D(v) - C_a(v_a) - f_a^2] + \lambda_b [D(v) - C_b(v_b) - f_b^2]$$

对之求一阶偏导数,有

$$\frac{\partial L}{\partial v_a} = f_a^2 + \lambda_a [D'(v) - C_a'(v_a)] + \lambda_b D'(v)$$

$$\frac{\partial L}{\partial v_b} = f_b^2 + \lambda_a D'(v) + \lambda_b [D'(v) - C_b'(v_b)]$$

$$\frac{\partial L}{\partial f_a^2} = v_a - \lambda_a$$

$$\frac{\partial L}{\partial f_b^2} = v_b - \lambda_b$$

$$\frac{\partial L}{\partial \lambda_a} = D(v) - C_a(v_a) - f_a^2$$

$$\frac{\partial L}{\partial \lambda_b} = D(v) - C_b(v_b) - f_b^2$$

令上述各偏导数为0,联立求解,得

$$\begin{cases} f_a^2 = v_a C_a'(v_a) - (v_a + v_b) D'(v) \\ f_b^2 = v_b C_b'(v_b) - (v_a + v_b) D'(v) \end{cases}$$

由结论可知,在收费总收入最大化的情形下,两条收费公路的最优费率f_a^2、f_b^2不仅与其路径本身的交通量和成本函数有关,而且还与另一条路径的交通量和总的出行需求函数有关。

由于出行需求函数单调递减,即$D'(v) \leqslant 0$,而$v_i \geqslant 0$,因此,有

$$\begin{cases} f_a^2 \geqslant f_a^1 \\ f_b^2 \geqslant f_b^1 \end{cases}$$

即在收费总收入最大化的情形下,两条收费公路的最优费率均不低于其在社会福利最大化情形下的费率。

当需求函数 $D(v)$ 完全无弹性时，$D'(v)=-\infty$，则有 $f_a^2\to+\infty$，$f_b^2\to+\infty$。

当需求函数 $D(v)$ 极富有弹性时，$D'(v)=0$，则有 $f_a^2=v_aC_a'(v_a)$，$f_b^2=v_bC_b'(v_b)$，此时，由于有大量替代选择的存在，f_a^2、f_b^2 都下降到了社会福利最大化情形下的水平。

4）对收费公路与非收费公路平行路段的讨论

（1）基于社会福利最大化的定价方法（情形三）。

构造拉格朗日函数如下：

$$L=\int_0^v D(v)\,\mathrm{d}v-v_aC_a(v_a)-v_cC_c(v_c)+\lambda_a[D(v)-C_a(v_a)-f_a^3]+\lambda_c[D(v)-C_c(v_c)]$$

对上式各变量求一阶偏导数，有

$$\frac{\partial L}{\partial v_a}=D(v)-C_a(v_a)-v_aC_a'(v_a)+\lambda_a[D'(v)-C_a'(v_a)]+\lambda_cD'(v)$$

$$\frac{\partial L}{\partial v_c}=D(v)-C_c(v_c)-v_cC_c'(v_c)+\lambda_aD'(v)+\lambda_c[D'(v)-C_c'(v_c)]$$

$$\frac{\partial L}{\partial f_a^3}=-\lambda_a$$

$$\frac{\partial L}{\partial \lambda_a}=D(v)-C_a(v_a)-f_a^3$$

$$\frac{\partial L}{\partial \lambda_c}=D(v)-C_c(v_c)$$

令上述各偏导数为0，联立求解，得

$$f_a^3=v_aC_a'(v_a)-\frac{1}{1-\frac{C_c'(v_c)}{D'(v)}}\times v_cC_c'(v_c)$$

由结论可知，当存在不收费的普通公路作为替代路径时，即使是以社会福利最大化为目标，收费公路的最优费率 f_a^3 也不仅与其本身的交通量和成本函数有关，而且还与普通公路的交通量、成本函数和总需求函数有关。

当需求函数 $D(v)$ 完全无弹性时，$D'(v)=-\infty$，则有 $f_a^3=v_aC_a'(v_a)-v_cC_c'(v_c)$。由于此情形下路径 c 不收费，因此在需求完全无弹性时两路径的费率差与情形一相同。此外，值得注意的是，由于 $v_aC_a'(v_a)$ 与 $v_cC_c'(v_c)$ 的大小关系不确定，因此 f_a^3 不一定大于或等于0，$f_a^3\geqslant 0$ 的前提是在两条路径中选择交通量与平均出行成本（成本函数的一阶导数)乘积较大的路径进行收费。

当需求函数 $D(v)$ 极富有弹性时,$D'(v)=0$,则仍有 $f_a^3=v_aC_a'(v_a)$。

(2)基于收费总收入最大化的定价方法(情形四)。

构造拉格朗日函数如下:

$$L=f_a^4v_a+\lambda_a[D(v)-C_a(v_a)-f_a^4]+\lambda_c[D(v)-C_c(v_c)]$$

对之求一阶偏导数,有

$$\frac{\partial L}{\partial v_a}=f_a^4+\lambda_a[D'(v)-C_a'(v_a)]+\lambda_cD'(v)$$

$$\frac{\partial L}{\partial v_c}=\lambda_aD'(v)+\lambda_c[D'(v)-C_c'(v_c)]$$

$$\frac{\partial L}{\partial f_a^4}=v_a-\lambda_a$$

$$\frac{\partial L}{\partial \lambda_a}=D(v)-C_a(v_a)-f_a^4$$

$$\frac{\partial L}{\partial \lambda_c}=D(v)-C_c(v_c)$$

令上述各偏导数为0,联立求解,得

$$f_a^4=v_aC_a'(v_a)+\frac{1}{1-\frac{C_c'(v_c)}{D'(v)}}\times v_aC_c'(v_c)$$

由结论可知,在收费总收入最大化的情形下,单条收费公路的最优费率 f_a^4 与其路径本身的交通量和成本函数以及普通公路替代路径的交通量、成本函数和总需求函数有关。

对比 f_a^4 与 f_a^3 可知,有

$$f_a^4-f_a^3=\frac{(v_a+v_c)C_c'(v_c)}{1-\frac{C_c'(v_c)}{D'(v)}}\geqslant 0$$

即在收费公路存在普通公路替代路径时,收费公路基于收入最大化的最优费率不低于基于社会福利最大化的最优费率。

当需求函数 $D(v)$ 完全无弹性时,$D'(v)=-\infty$,有 $f_a^4=v_a[C_a'(v_a)+C_c'(v_c)]$。

当需求函数 $D(v)$ 极富有弹性时,$D'(v)=0$,仍有 $f_a^4=v_aC_a'(v_a)$。

5)小结

四种情形下所得收费公路最优费率汇总见表5-1。

四种情形下收费公路最优费率计算结果汇总表　　表 5-1

类别		两条收费公路平行路段之间(a/b)		收费公路与非收费公路平行路段之间(a/c)	
		社会福利最大化（情形一）	收费收入最大化（情形二）	社会福利最大化（情形三）	收费收入最大化（情形四）
一般情况		$\begin{cases} f_a^1 = v_a C_a'(v_a) \\ f_b^1 = v_b C_b'(v_b) \end{cases}$	$\begin{cases} f_a^2 = v_a C_a'(v_a) - (v_a + v_b) D'(v) \\ f_b^2 = v_b C_b'(v_b) - (v_a + v_b) D'(v) \end{cases}$	$f_a^3 = v_a C_a'(v_a) - \dfrac{1}{1 - \dfrac{C_c'(v_c)}{D'(v)}} \times v_c C_c'(v_c)$	$f_a^4 = v_a C_a'(v_a) + \dfrac{1}{1 - \dfrac{C_c'(v_c)}{D'(v)}} \times v_a C_c'(v_c)$
极端情况	$D(v)$ 完全无弹性	$\begin{cases} f_a^1 = v_a C_a'(v_a) \\ f_b^1 = v_b C_b'(v_b) \end{cases}$	$\begin{cases} f_a^2 \to +\infty \\ f_b^2 \to +\infty \end{cases}$	$f_a^3 = v_a C_a'(v_a) - v_c C_c'(v_c)$	$f_a^4 = v_a [C_a'(v_a) + C_c'(v_c)]$
	$D(v)$ 极富有弹性	$\begin{cases} f_a^1 = v_a C_a'(v_a) \\ f_b^1 = v_b C_b'(v_b) \end{cases}$	$\begin{cases} f_a^2 = v_a C_a'(v_a) \\ f_b^2 = v_b C_b'(v_b) \end{cases}$	$f_a^3 = v_a C_a'(v_a)$	$f_a^4 = v_a C_a'(v_a)$

(1)从最优费率的影响变量来看,四种情形中,只有在两条收费公路之间以社会福利最大化为目标的情形下(情形一),最优费率仅与其路径本身的交通量和成本函数有关,而与总出行需求函数和替代路径的属性(交通量、成本函数)无关。在其余三种情形下,总出行需求函数和替代路径的属性均会影响到最优费率的确定。

(2)在收费公路平行路段之间、收费公路与非收费公路平行路段之间,基于收费收入最大化的最优费率都大于或等于基于社会福利最大化的最优费率,即有 $\begin{cases} f_a^2 \geqslant f_a^1 \\ f_b^2 \geqslant f_b^1 \end{cases}$ 和 $f_a^4 \geqslant f_a^3$。

(3)在需求函数 $D(v)$ 极富有弹性时,四种情形下确定的收费公路最优费率是相同的。当费率是基于收费收入最大化目标时(情形二、情形四),随着需求弹性的减小,最优费率逐步上升;当收费公路存在普通公路替代路径且收费公路基于社会福利最大化目标时,随着需求弹性的减小,最优费率逐步降低。

5.2 分时段差别定价方法

本节分别探讨收费公路之间、收费公路与非收费公路之间基于社会福利最大化或通行费收入最大化的分时段定价方法。鉴于仅在某一时段内调整通行费费率对总体需求的影响非常有限,本章设路网出行需求为一定值,即费率的变化仅会影响交通量在路网各路径间的分配,而不会改变路网的总体出行需求。

1)讨论的几种情形

本节的讨论包括以下四种情形:

(1)两条收费公路之间基于社会福利最大化的分时段定价方法(情形一)。

(2)一条收费公路与一条普通公路之间基于社会福利最大化的分时段定价方法(情形二)。

(3)两条收费公路之间基于收费收入最大化的分时段定价方法(情形三)。

(4)一条收费公路与一条普通公路之间基于收费收入最大化的分时段定价方法(情形四)。

为简化说明,以下以路径 a、b 代表两条收费公路,路径 c 代表一条普通公路,情形一、三的讨论针对 a、b 之间展开,情形二、四的讨论针对 a、c 之间展开。

2)相关符号定义

符号定义如下:

v_i——路径 i 的交通量；

v——路网的总交通量，在情形一、三下，有 $v=v_a+v_b$，在情形二、四下，有 $v=v_a+v_c$；

$C_i(v_i)$——路径 i 的出行成本，其为相应路径交通量 v_i 的函数，为简化计算，本节讨论中对出行成本函数不再进一步展开；

e_i——在某一时段内路径 i 交通量对其现行费率水平的弹性系数；

f_i——路径 i 的现行费率水平；

x——费率水平的变化量。

3）基于社会福利最大化目标的分时段定价方法讨论

（1）两条收费公路之间的情形（情形一）。

由于总需求一定，基于社会福利最大化目标等同于求解路网各路径出行成本与通行费额之和的最小值。设路径 a 在某一时段的费率水平变化量为 x，此最小值函数可表示为：

$$\min f(x)=C_a\left(v_a-\frac{e_a v_a}{f_a}x\right)+f_a+x+C_b\left(v_b+\frac{v_a e_a}{f_a}x\right)+f_b$$

对之求导，得

$$\frac{\mathrm{d}f(x)}{\mathrm{d}x}=\left(-\frac{v_a e_a}{f_a}\right)C_a'\left(v_a-\frac{v_a e_a}{f_a}x\right)+\frac{v_a e_a}{f_a}C_b'\left(v_b+\frac{v_a e_a}{f_a}x\right)+1$$

令其等于0，得

$$C_a'\left(v_a-\frac{v_a e_a}{f_a}x\right)-C_b'\left(v_b+\frac{v_a e_a}{f_a}x\right)=\frac{f_a}{e_a v_a} \tag{5-1}$$

费率调整前后路网的均衡条件可表述为：

$$\begin{cases}C_a(v_a)+f_a=C_b(v_b)+f_b\\ C_a\left(v_a-\frac{v_a e_a}{f_a}x\right)+f_a+x=C_b\left(v_b+\frac{v_a e_a}{f_a}x\right)+f_b\end{cases}$$

化简可得

$$x=C_b\left(v_b+\frac{v_a e_a}{f_a}x\right)-C_b(v_b)+C_a(v_a)-C_a\left(v_a-\frac{v_a e_a}{f_a}x\right)$$

对上式两边求导，有

$$C_a'\left(v_a-\frac{v_a e_a}{f_a}x\right)+C_b'\left(v_b+\frac{v_a e_a}{f_a}x\right)=\frac{f_a}{v_a e_a} \tag{5-2}$$

联立式(5-1)、式(5-2)，可得

$$\begin{cases} C_a'\left(v_a - \dfrac{v_a e_a}{f_a}x\right) = \dfrac{f_a}{2v_a e_a} \\ C_b'\left(v_b + \dfrac{v_a e_a}{f_a}x\right) = 0 \end{cases}$$

由此可知，某一路径调整费率后，若其成本函数在新交通量水平下的导数为$\dfrac{f_a}{2v_a e_a}$，且其替代路径在新交通量水平下的成本函数的导数为0时，路网的社会福利达到最大化。

(2)收费公路与非收费公路之间的情形(情形二)。

此情形下，路径 a 在某一时段的费率水平变化量为 x，最小值函数可表示为：

$$\min f(x) = C_a\left(v_a - \frac{v_a e_a}{f_a}x\right) + f_a + x + C_c\left(v_c + \frac{v_a e_a}{f_a}x\right)$$

对之求导，得

$$\frac{\mathrm{d}f(x)}{\mathrm{d}x} = \left(-\frac{v_a e_a}{f_a}\right)C_a'\left(v_a - \frac{v_a e_a}{f_a}x\right) + \frac{v_a e_a}{f_a}C_c'\left(v_c + \frac{v_a e_a}{f_a}x\right) + 1$$

令其等于0，得

$$C_a'\left(v_a - \frac{v_a e_a}{f_a}x\right) - C_c'\left(v_c + \frac{v_a e_a}{f_a}x\right) = \frac{f_a}{v_a e_a} \tag{5-3}$$

费率调整前后路网的均衡条件可表述为：

$$\begin{cases} C_a(v_a) + f_a = C_c(v_c) \\ C_a\left(v_a - \dfrac{v_a e_a}{f_a}x\right) + f_a + x = C_c\left(v_c + \dfrac{v_a e_a}{f_a}x\right) \end{cases}$$

化简可得

$$x = C_c\left(v_c + \frac{v_a e_a}{f_a}x\right) - C_c(v_c) + C_a(v_a) - C_a\left(v_a - \frac{v_a e_a}{f_a}x\right)$$

对上式两边求导，有

$$C_a'\left(v_a - \frac{v_a e_a}{f_a}x\right) + C_c'\left(v_c + \frac{v_a e_a}{f_a}x\right) = \frac{f_a}{v_a e_a} \tag{5-4}$$

联立式(5-3)、式(5-4)，可得

$$\begin{cases} C_a'\left(v_a - \dfrac{v_a e_a}{f_a}x\right) = \dfrac{f_a}{2v_a e_a} \\ C_c'\left(v_b + \dfrac{v_a e_a}{f_a}x\right) = 0 \end{cases}$$

由此可知，情形二达到路网社会福利最大化的条件与情形一相同，仍是费率调整路径的成本函数在新交通量水平下的导数为$\frac{f_a}{2v_ae_a}$，且其替代路径在新交通量水平下的成本函数的导数为0。

4)基于收费收入最大化目标的分时段定价方法讨论

(1)两条收费公路之间的情形(情形三)。

当总需求一定时，实现费率调整后路网收费收入的最大化等价于使新增的收费收入与减少的收费收入之差最大化。因费率上涨与费率下降时，收入增加量与收入减少量的构成并不相同，故分开讨论。

①费率上涨时。

设路径 a 在某一时段的费率上涨量为 x，则收入增加量为路径 a 的 $v_a\left(1-\frac{e_ax}{f_a}\right)x$ 和路径 b 的$\frac{e_a}{f_a}v_af_bx$，收入减少量为 v_ae_ax，路网总收入的变化函数可表示为：

$$f(x)=v_a\left(1-\frac{e_a}{f_a}x\right)x+\frac{e_a}{f_a}v_af_bx-v_ae_ax$$

对之求导，有

$$\frac{\mathrm{d}f(x)}{\mathrm{d}x}=v_a\left(1-\frac{2e_a}{f_a}x\right)+v_ae_a\frac{f_b}{f_a}-v_ae_a$$

令其等于0，可得

$$x=\frac{f_a}{2}\left(\frac{1}{e_a}+\frac{f_b}{f_a}-1\right) \tag{5-5}$$

此时 $x>0$，即 $e_a<\frac{1}{1-\frac{f_b}{f_a}}$。

②费率下降时。

设路径 a 在某一时段的费率下降量为 x，则收入增加量为$\frac{v_ae_a}{f_a}(f_a-x)x$，收入减少量为路径 a 的 v_ax 和路径 b 的 $v_ae_a\frac{f_b}{f_a}x$，路网总收入的变化函数可表示为：

$$f(x)=\frac{v_ae_a}{f_a}(f_a-x)x-v_ax-v_ae_a\frac{f_b}{f_a}x$$

对之求导，有

$$\frac{\mathrm{d}f(x)}{\mathrm{d}x}=\frac{v_a e_a}{f_a}(f_a-2x)-v_a-v_a e_a\frac{f_b}{f_a}$$

令其等于0,可得

$$x=\frac{f_a}{2}\left(1-\frac{1}{e_a}-\frac{f_b}{f_a}\right) \tag{5-6}$$

此时 $x>0$,即 $e_a>\dfrac{v_a}{1-\dfrac{f_b}{f_a}}$。

合并式(5-5)、式(5-6)可得

$$x=\begin{cases}\dfrac{f_a}{2}\left(1-\dfrac{1}{e_a}-\dfrac{f_b}{f_a}\right), e_a\geqslant\dfrac{1}{1-\dfrac{f_b}{f_a}}\\[2ex]\dfrac{f_a}{2}\left(\dfrac{1}{e_a}+\dfrac{f_b}{f_a}-1\right), 0<e_a<\dfrac{1}{1-\dfrac{f_b}{f_a}}\end{cases}$$

相应地,费率变化的比例可表示为:

$$\frac{x}{f_a}=\begin{cases}\dfrac{1}{2}\left(1-\dfrac{1}{e_a}-\dfrac{f_b}{f_a}\right), e_a\geqslant\dfrac{1}{1-\dfrac{f_b}{f_a}}\\[2ex]\dfrac{1}{2}\left(\dfrac{1}{e_a}+\dfrac{f_b}{f_a}-1\right), 0<e_a<\dfrac{1}{1-\dfrac{f_b}{f_a}}\end{cases}$$

当交通量对费率变化极富弹性时,$e_a=+\infty$,有 $x=\dfrac{1}{2}(f_a-f_b)$。

当交通量对费率变化完全无弹性时,$e_a=0$,有 $x=+\infty$。

(2)收费公路与非收费公路之间的情形(情形四)。

仍分费率上涨与费率下降讨论。

①费率上涨时。

设路径 a 在某一时段的费率上涨量为 x,则收入增加量为 $v_a\left(1-\dfrac{e_a x}{f_a}\right)x$,收入减少量为 $v_a e_a x$,路网总收入的变化函数可表示为:

$$f(x)=v_a\left(1-\frac{e_a}{f_a}x\right)x-v_a e_a x$$

对之求导,有

$$\frac{\mathrm{d}f(x)}{\mathrm{d}x}=v_a\left(1-\frac{2e_a}{f_a}x\right)-v_ae_a$$

令其等于0，可得

$$x=\frac{f_a}{2}\left(\frac{1}{e_a}-1\right) \tag{5-7}$$

此时 $x>0$，即 $e_a<1$。

②费率下降时。

设路径 a 在某一时段的费率下降量为 x，则收入增加量为$\frac{v_ae_a}{f_a}(f_a-x)x$，收入减少量为 v_ax，路网总收入的变化函数可表示为：

$$f(x)=\frac{e_av_a}{f_a}(f_a-x)x-v_ax$$

对之求导，有

$$\frac{\mathrm{d}f(x)}{\mathrm{d}x}=\frac{e_av_a}{f_a}(f_a-2x)-v_a$$

令其等于0，可得

$$x=\frac{f_a}{2}\left(1-\frac{1}{e_a}\right) \tag{5-8}$$

此时 $x>0$，即 $e_a>1$。

合并式(5-7)、式(5-8)可得

$$x=\begin{cases}\dfrac{f_a}{2}\left(1-\dfrac{1}{e_a}\right), & e_a\geqslant 1\\[2ex] \dfrac{f_a}{2}\left(\dfrac{1}{e_a}-1\right), & 0<e_a<1\end{cases}$$

相应地，费率变化的比例可表示为：

$$\frac{x}{f_a}=\begin{cases}\dfrac{1}{2}\left(1-\dfrac{1}{e_a}\right), & e_a\geqslant 1\\[2ex] \dfrac{1}{2}\left(\dfrac{1}{e_a}-1\right), & 0<e_a<1\end{cases}$$

当交通量对费率变化极富弹性时，$e_a=+\infty$，有 $x=\frac{1}{2}f_a$。

当交通量对费率变化完全无弹性时，$e_a=0$，有 $x=+\infty$。

5）小结

由情形三、四结论可知：

（1）情形三、四所得结论一致，情形四即为情形三在 $f_b=0$ 时的特殊情况。

（2）基于收费收入最大化的目标，费率调整的方向（上调、下调）取决于此时段的费率弹性、此路径与其替代路径的现行费率水平。

（3）当交通量对费率富有弹性时，费率下调的极限为两路径现行费率差值的一半；当交通量对费率缺乏弹性时，费率上涨的空间不受限制。

5.3 应用案例

5.3.1 福建省浦南高速公路差异化收费案例

浦南高速公路北起福建省浦城县官路乡闽浙界，与京台高速公路浙江段顺接，南至南平市延平区跃村枢纽，与福银高速公路相连，是纵贯福建省西部的京台—长深高速公路通道的重要组成部分。浦南高速公路贯穿南平市浦城、武夷山、建阳、建瓯、延平等五县（市、区），全长245.3km，全线按双向四车道高速公路标准建设，项目总投资98.04亿元（其中，银行贷款66.47亿元，占总投资的67.8%），项目自2005年12月起开工建设，于2008年12月建成通车。

运营后，尽管浦南高速公路的交通量增长较快，但全线交通量水平仍然偏低，为运营管理和偿还贷款带来了巨大压力。造成浦南高速公路交通量偏低的原因是多方面的，但主要可以归结为沿线地区经济社会发展滞后带来的内生出行需求不足和江西赣粤通道、省内国道G205等竞争性平行路段的分流两方面。

根据对浦南高速公路及长深通道内其他高速公路路段收费弹性的测算，浦南高速公路的加权收费弹性整体大于1.0，因此，差异化收费政策的总体方向应是以适当的通行费优惠措施吸引交通量，最大限度地提高高速公路的运营效率。同时，鉴于收费弹性在各车型和各路段间存在较大差异，浦南高速公路的通行费优惠措施在设计时必须依据车型、路段的特点，有靶向地选择特定车型、路段和方式，才能更好地达到吸引交通量、提高通行费收入的效果。

1)对差异化收费车型的选择

根据对浦南高速公路收费弹性的测算,中小货车和大货车在浦南高速公路各路段的收费弹性整体在1.0以上;大客车的收费弹性整体在1.0以下;小客车的收费弹性虽然整体大于1.0,但是在建瓯以北路段的收费弹性小于1.0。理论上,对中小货车、大货车和部分路段的小客车实行优惠均可增加通行费收入。由于中小货车整体交通量较小,且多为短途运输,有沿途配载和装卸货物的需要,加之沿线地区收入水平和承运货值偏低,造成了目前通道内中小货车主要选择国道免费出行,若以提高通行费收入为目标对中小货车实行优惠,所需优惠幅度过大,且通行费增收效果不明显。小客车交通量相对较大,但其在各路段的收费弹性存在较大差异,由于小客车单车费额低,折后费额与折前相差很小,优惠措施在实际中较难操作且效果有限。大货车单车费额高,且交通量偏低,适宜作为差异化收费车型。

2)对差异化收费形式的选择

针对特定车型的通行费优惠主要有路段优惠和里程优惠两种形式。采用何种优惠形式主要依据优惠车型的流向特征和优惠路段是否易于切割来确定。浦南高速公路的费率调整路段存在着两个选择,一是统筹考虑浦南高速公路与长深通道内其他高速公路路段制订联合的通行费优惠措施,二是拟将通行费优惠措施局限在浦南段。

(1)在统筹浦南高速公路与长深通道内其他高速公路路段联合制订优惠措施的情况下,优惠争取的对象主要为省外过境的大货车。若实行路段优惠,即可较好地剔除省内短途运输货车的影响,以达到优惠的预期效果。若实行里程优惠,由于福建省内高速公路网密集,出行可选路径不唯一,且全省高速公路为联网收费,单纯依据里程标准难以将优惠范围限定为过境货车,必须将里程标准与行驶路径判断相结合,此时里程优惠即转化为路段优惠。

(2)在优惠措施限于浦南高速公路的情况下,优惠争取的对象不仅包括省外过境的大货车,也包括部分当地往返省外的大货车。

若实行路段优惠,需要将优惠路段限定在浦南高速公路交通量吸引能力相对较弱、处于竞争劣势的路段。在浦南高速公路全线,徐墩—石陂段在线形上存在一定程度绕行,是高速公路与国道竞争过境车流的劣势路段,理论上应实行优惠,但是对于由浙江进入武邵高速公路沿线地区和由南平以南地区经武夷山出省的大货车而言,浦南高速公路徐墩—石陂段又是不存在替代路线的最佳行驶路径。因此,在同一路段内大货车刚性出行需求与弹性出行需求难于剥离的条件下,单纯依路段对浦南高速公路实施优惠将难以达到预期效果。

反之,若实行里程优惠,由于闽浙界—兴田段、南平—兴田段、建瓯—石陂段的里程都在120km左右,因此可以单次行驶浦南高速公路120km为优惠里程的第一阶梯,从而剔除对浙江—武邵、南平以南—武夷山大货车刚性出行需求优惠的可能性,并通过里程梯级的合理设置尽可能将优惠限定于长距离行驶浦南高速公路的大型货车,以达到优惠的预期效果。

3)差异化政策的实施

自2014年起,浦南高速公路与长深通道一并实施针对大型货车的差异化收费政策。之后,政策扩大为G3—G25京台闽浙界至长深闽粤界路段、G1514—G3—G25宁上闽赣界至长深闽粤(途经南平、三明、龙岩三个地市)、S0311浦建闽浙界至浦建闽赣界路段(途经南平、三明两个地市)和G1514宁上闽赣界至宁德湾坞路段(途经南平、宁德两个地市)等四条路线,对路段内行驶的30t以上大型货运车辆实行"递远递减"的阶梯计费方式,即行驶里程超过100km的,100~200km(含200km)的里程部分,减征20%;200~300km(含300km)的里程部分,减征30%;300~400km(含400km)的里程部分,减征40%;400km以上的里程部分,减征50%。

4)实施效果

自2014年10月浦南高速公路实施差异化收费后,半年内日均双向全程行驶G3线的大型货车由差异性收费政策实施前的2.18辆次提升至20.96辆次,增长8.61倍,日均通行费收入增长9.85倍。差异化政策实施一年内,G3线双向共吸引车辆8.58万辆次,累计实现通行费增收近9000万元。

5.3.2 福建省高速公路大中型货运车辆分区间、分时段差异化收费案例

1)差异化政策

根据福建省交通运输厅、省发展和改革委员会、省财政厅《关于优化高速公路差异化收费试点工作的通知》(闽交规〔2019〕103号)、《关于实施高速公路差异化收费的通知》(闽交规〔2020〕93号),为提高通道资源利用率,助力脱贫攻坚,福建省高速公路于2020年1月1日起对在G3—G25京台闽浙界至长深闽粤界路段、G1514—G3—G25宁上闽赣界至长深闽粤界路段、S0311浦建闽浙界至浦建闽赣界路段、G1514宁上闽赣界至宁德湾坞路段、G1514—G15W3宁上闽赣界至沈海闽浙界路段和G1514—G15W3—G4012宁上闽赣界至溧宁闽浙界路段等六条线路上行

驶的使用 ETC 的货车实行分时段优惠政策，即日间(8:00～20:00)4 类以上货车的按 4 类货车收费标准计收通行费，夜间(20:00～次日 8:00)3 类以上货车的按 3 类货车收费标准计收通行费。

此项差异化收费政策实施前后相关路段收费标准对比见表 5-2。

福建省高速公路大中型货车分区间分时段差异化收费实施前后相关路段收费标准对比 表 5-2

差异化实施前后		收费标准(元/km)					
		1 类货车	2 类货车	3 类货车	4 类货车	5 类货车	6 类货车
差异化实施前				1.406	1.851	2.024	2.505
差异化实施后	(日间)			1.406	1.851	1.851	1.851
	(夜间)			1.406	1.406	1.406	1.406

2)实施效果

经统计，此项差异化收费政策的年优惠车辆为 529 万辆次，年优惠金额为 4.4 亿元。

2020 年 7 月至 2021 年 6 月，六条线路涉及的 10 个高速公路路段，加权日均货车交通量为 1836 辆，较 2019 年增加了 47.5%；货车收费收入 8.8 亿元，较 2019 年增加了 23.1%。

与六条线路平行的普通公路主要为国道 G205。2020 年，国道 G205 福建段加权日均货车交通量为 1598 辆，较 2019 年(1791 辆)下降了 10.8%，平均拥堵度(V/C 值)为 0.41，较 2019 年(0.48)下降了 0.07。高速公路差异化收费政策有效吸引了普通公路货车转入高速公路行驶，提高了高速公路运行效率，也降低了并行国省干线的拥挤度。

5.3.3 厦漳大桥差异化收费案例

为促进厦漳城市联盟，加快大都市区建设，福建省高速公路于 2017 年 5 月起，对在漳州招银港站与厦漳大桥站往返通行并安装闽通卡的 7 座及以下小型客车采取“递多递减”的阶梯计费方式，即每月行驶次数超过 10 趟次的，10～20 次(含 20 次)的趟次部分，减征 20%；20 次以上的趟次部分，减征 40%。之后，厦漳大桥的差异化收费政策进一步扩大为，厦漳大桥通行费按普通高速公路标准收取，安装 ETC 的 9 座以下小型客车年通行 60 趟次以上免收厦漳大桥主桥(海门岛至青礁互通段)的车辆通行费。优惠幅度扩大后，对年通行未超过 60 趟次的车辆而言，厦漳大桥的通行费优惠幅度为79%，车辆通行60趟次以上为免费。

实施效果：经统计，此项差异化收费政策的年优惠车辆为1847万辆次，年优惠金额为2.1亿元。

2019年，厦漳大桥的日均交通量较2016年增加了104%，其中，客车交通量增幅为107%，货车交通量增幅为93%。2019年，厦漳大桥通行费收入较2016年下降了57%。

此项政策实施后，厦漳之间的出行和物流成本有大幅下降，对促进当地经济发展发挥了较大作用。

5.3.4　广东省包茂高速公路差异化收费案例

G65包茂高速公路广东段全部在广东省茂名市境内，线路起于粤桂界陈金顶隧道，顺接包茂高速公路岑溪至水汶段，往南经茂名信宜市、高州市、电白区，止于电白区坡心镇，设电白大昌口枢纽互通连接已通车的G15沈海高速公路。路线全长122.3km，于2015年12月30日建成通车。与之平行的国道G207为一级公路、二级公路标准，长度120.38km。

从G65和G207的历年交通量观测情况看，G65的V/C在0.1~0.2之间，交通量远没有饱和。G207的V/C在1.0~1.1之间，处于严重拥堵状态。因此适当降低G65收费标准，可有效吸引G207的交通量。根据费率-交通流分布规律Logit模型，考虑影响交通行为的三大类行车成本—通行费用、行车时间和车辆运营成本（VOC）。出行者总是更倾向于选择使得自己出行成本最低的出行路径（或方式），而这一种倾向性借助Logit模型从概率论的角度进行捕捉和量化。测算基本参数见表5-3、表5-4。

广东省包茂高速公路与平行道路交通基本参数　　表5-3

测算区间		区间1		区间2	
路段		高速公路	竞争平行路段	高速公路	竞争平行路段
编号		G65	G207	G65	G207
区间描述		省界至信宜段		信宜至茂名段	
适应交通量（pcu/日）		55000	27150	55000	27150
里程（km）		67.7	58.9	54.6	61.4
V/C系数（区间精算）		0.18	0.98	0.26	1.15
客车自然量	小型客车	4535	19805	9332	10506
	大型客车	1162	418	828	365

续上表

测算区间		区间1		区间2	
路段		高速公路	竞争平行路段	高速公路	竞争平行路段
编号		G65	G207	G65	G207
区间描述		省界至信宜段		信宜至茂名段	
货车自然量	小型货车	276	2254	265	4051
	中型货车	547	520	683	2653
	大型货车	276	587	293	2052
	特大型货车	392	334	335	1070
	集装箱货车	16	16	40	426
自然量合计	（辆/日）	7202	23931	11773	21121
当量合计	（pcu/日）	9838	26633	14249	31230

包茂高速公路与平行道路各车型成本参数 表5-4

测算区间			区间1		区间2	
编号			G65	G207	G65	G207
区间描述			省界至信宜段		信宜至茂名段	
中小型客车	平均通行时间	（h）	0.71	0.62	0.57	0.65
	油耗成本	（元）	36	38	29	40
	平均通行费	（元）	41	0	33	0
	现状交通流	配比	18.60%	81.40%	47.00%	53.00%
大型客车	平均通行时长	（h）	0.82	0.71	0.66	0.74
	油耗成本	（元）	98	104	79	108
	平均通行费	（元）	81	0	66	0
	现状交通流	配比	73.50%	26.50%	69.40%	30.60%
小型货车	平均通行时间	（h）	0.93	0.79	0.75	0.82
	油耗成本	（元）	78	82	63	86
	平均通行费	（元）	41	0	33	0
	现状交通流	配比	10.90%	89.10%	6.10%	93.90%
中型货车	平均通行时常	（h）	1	0.85	0.81	0.89
	油耗成本	（元）	136	144	110	150
	平均通行费	（元）	75	0	61	0
	现状交通流	配比	51.30%	48.70%	20.50%	79.50%
大型货车	平均通行时间	（h）	1.07	0.82	0.86	0.85
	油耗成本	（元）	182	192	146	200
	平均通行费	（元）	158	0	128	0
	现状交通流	配比	32.00%	68.00%	12.50%	87.50%

续上表

测算区间			区间1		区间2	
编号			G65	G207	G65	G207
区间描述			省界至信宜段		信宜至茂名段	
特大型货车	平均通行时间	(h)	1.12	0.94	0.91	0.98
	油耗成本	(元)	200	211	161	220
	平均通行费	(元)	160	0	129	0
	现状交通流	配比	54.00%	46.00%	23.90%	76.10%
集装箱货车	平均通行时间	(h)	1.12	0.94	0.91	0.98
	油耗成本	(元)	200	211	161	220
	平均通行费	(元)	162	0	131	0
	现状交通流	配比	49.40%	50.60%	8.70%	91.30%

根据平行路段差异化收费模型测算结果，G65 包茂高速公路现行收费标准下，采用客货车 8.5 折优惠，有望实现约 10% 的净增收，约为 1000 万元/年，如图 5-1 ~ 图 5-3 所示。

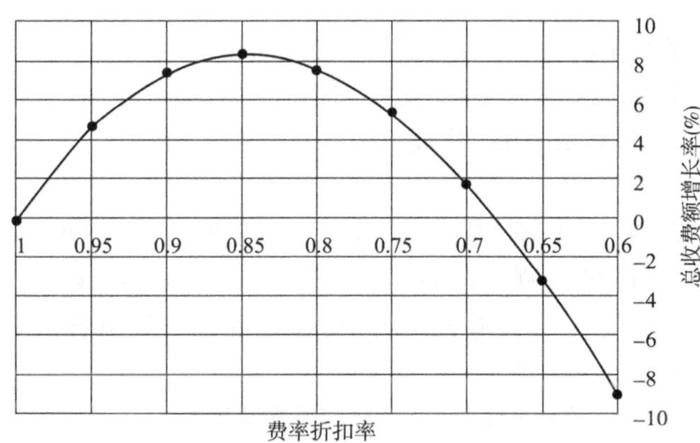

图 5-1 包茂高速公路在不同费率折扣下的客车总收费额增比(仅客车类别打折)

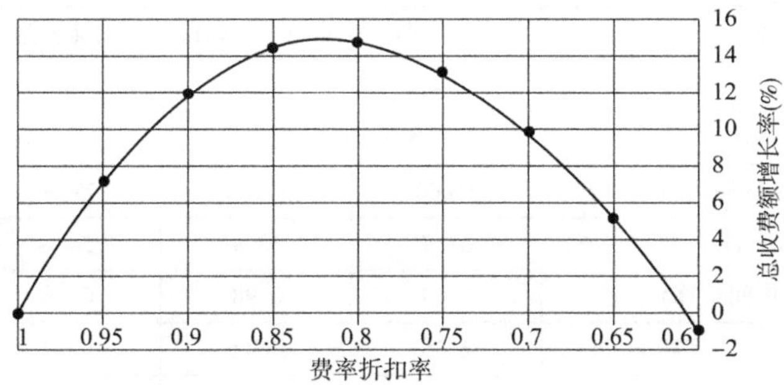

图 5-2 包茂高速公路在不同费率折扣下的货车总收费额增比(仅货车类别打折)

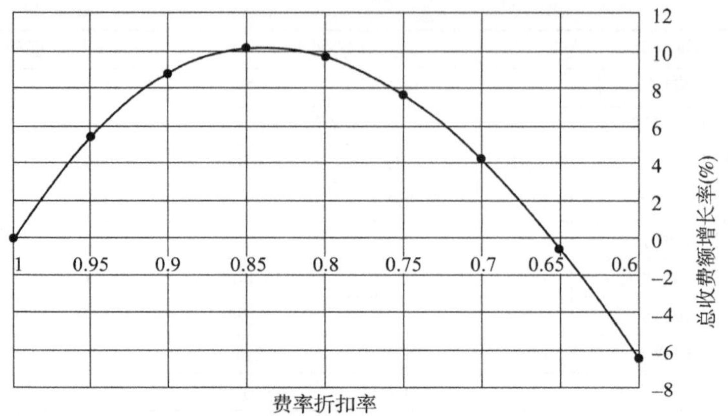

图 5-3　包茂高速公路在不同费率折扣下的客货车总收费额增比(客货同时打折)

5.3.5　广东省清云高速公路差异化收费案例

清云高速公路起于清远市清新区,终于云浮市新兴县。路线长约 157.4km,立交 15 处,服务区 3 处,停车区 3 处。全线采用双向四车道高速公路技术标准,设计速度为 100km/h,路基宽 26.0m,总投资约 167.19 亿元,全线于 2020 年元旦建成通车。

与之平行的省道 S354 等,为一级公路、二级公路标准,长度 141.36km。从省道 S14 和 S354 的交通量观测情况看,省道 S14 的 V/C 在 0.4 左右,省道 S354 的 V/C 在1 左右,因此适当降低省道 S14 收费标准,可有效吸引省道 S354 的交通量。测算基本参数见表 5-5、表 5-6。

清云高速公路与平行道路交通基本参数　　表 5-5

测算区间		区间 1		区间 2	
路段		高速公路	竞争平行路段	高速公路	竞争平行路段
编号		S14	S354	S14	S354
区间描述		清远至四会段		四会至云浮段	
适应交通量(pcu/日)		55000	27150	55000	27150
里程(km)		67.7	58.9	54.6	61.4
V/C 系数(区间精算)		0.18	0.98	0.26	1.15
客车自然量	小型客车	4535	19805	9332	10506
	大型客车	1162	418	828	365

续上表

测算区间		区间 1		区间 2	
路段		高速公路	竞争平行路段	高速公路	竞争平行路段
编号		S14	S354	S14	S354
区间描述		清远至四会段		四会至云浮段	
货车自然量	小型货车	276	2254	265	4051
	中型货车	547	520	683	2653
	大型货车	276	587	293	2052
	特大型货车	392	334	335	1070
	集装箱货车	16	16	40	426
自然量合计	（辆/日）	7202	23931	11773	21121
当量合计	（pcu/日）	9838	26633	14249	31230

清云高速公路与平行道路各车型成本参数 表 5-6

测算区间			区间 1		区间 2	
编号			S14	S354	S14	S354
区间描述			清远至四会段		四会至云浮段	
中小型客车	平均通行时间	（h）	0.83	0.69	0.83	0.8
	油耗成本	（元）	44	44	44	51
	平均通行费	（元）	47	0	47	0
	现状交通流	配比	24.80%	75.20%	44.20%	55.80%
大型客车	平均通行时长	（h）	0.95	0.79	0.95	0.91
	油耗成本	（元）	119	120	120	138
	平均通行费	（元）	94	0	95	0
	现状交通流	配比	5.70%	94.30%	81.00%	19.00%
小型货车	平均通行时间	（h）	1.08	0.88	1.08	1.01
	油耗成本	（元）	95	95	95	110
	平均通行费	（元）	47	0	47	0
	现状交通流	配比	19.90%	80.10%	33.60%	66.40%
中型货车	平均通行时长	（h）	1.16	0.95	1.16	1.1
	油耗成本	（元）	166	166	166	192
	平均通行费	（元）	87	0	87	0
	现状交通流	配比	11.00%	89.00%	68.10%	31.90%

续上表

测算区间			区间 1		区间 2	
编号			S14	S354	S14	S354
区间描述			清远至四会段		四会至云浮段	
大型货车	平均通行时间	(h)	1.24	0.91	1.24	1.05
	油耗成本	(元)	221	221	221	256
	平均通行费	(元)	184	0	184	0
	现状交通流	配比	51.20%	48.80%	19.60%	80.40%
特大型货车	平均通行时间	(h)	1.3	1.05	1.31	1.21
	油耗成本	(元)	243	243	243	282
	平均通行费	(元)	186	0	187	0
	现状交通流	配比	29.50%	70.50%	18.30%	81.70%
集装箱货车	平均通行时间	(h)	1.3	1.05	1.31	1.21
	油耗成本	(元)	243	243	243	282
	平均通行费	(元)	189	0	189	0
	现状交通流	配比	23.50%	76.50%	74.10%	25.90%

根据平行路段差异化收费模型测算结果，降低通行费后，S14 清云高速公路的所有计费车型都将会有不同程度的减收预期，采用 8.5 折优惠，预计 S14 清云高速公路减收 9% ~12%（图 5-4、图 5-5）。

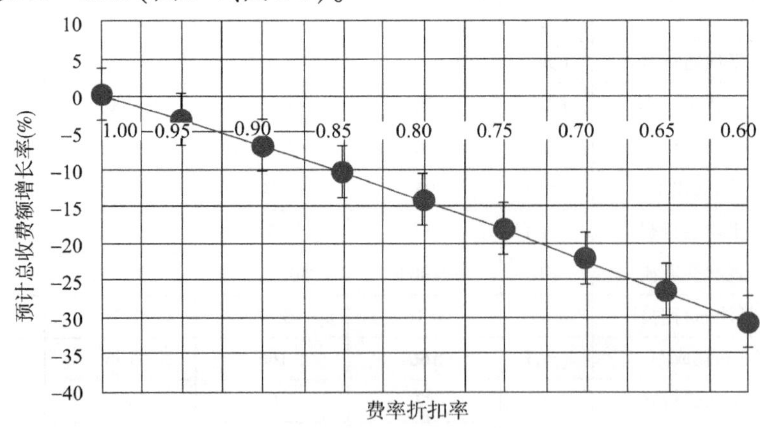

图 5-4　S14 清云高速公路客车在不同费率折扣下各车型收费额情况

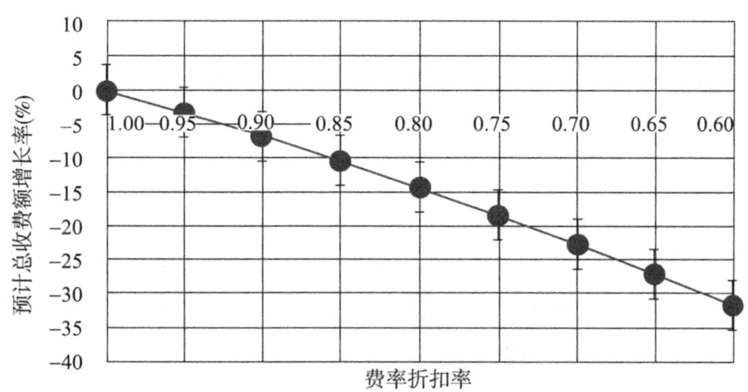

图 5-5 S14 清云高速公路货车在不同费率折扣下各车型收费额情况

6 高速公路收费费率动态调整机制

本章介绍公共服务行业主要价格调整模型及其应用,说明高速公路收费费率动态调整应考虑的影响因素和度量指标,提出对高速公路收费费率动态调整的公式框架和相关管理评估机制的设想。

6.1 政府管制行业主要价格调整模型简述及分析

目前,在政府管制行业中最具有代表性的价格调整模型是以美国为代表的投资回报率价格管制模型和以英国为代表的最高限价管制模型。

6.1.1 投资回报率价格管制模型

投资回报率价格管制是美国对自然垄断行业采用的主要价格管制方式。在投资回报率调价管制下,政府是通过直接控制企业的投资回报率而间接管制价格的。投资回报率价格管制模型的一般形式为:

企业只生产一种产品(或服务)时

$$R(p \times q) = C + S(RB) \tag{6-1}$$

企业生产 n 种产品(或服务)时

$$R\left(\sum_{i=1}^{n} p_i q_i\right) = C + S(RB) \tag{6-2}$$

式中:R——企业收入函数,它取决于产品的价格 p 和产量 q;

C——成本费用(如燃料成本、工资、税收和折旧等);

S——政府规定的投资回报率;

RB——投资回报率基数(Rate Base),即企业的资本投资总额。

当企业只生产一种产品(或服务)时,管制价格等于企业总收入除以总产量;当企业经营多种产品(或服务)时,总收入除以总产量只是所有产品(或服务)的综合价格,而每种产品(或服务)的价格还要通过价格结构管制才能确定。

投资回报率模型的难点是确定合理的投资回报率水平 S 和投资回报率基数

RB。在国外的实践中，前者通常通过政府与企业协商确定，后者多采用原始资本成本法（Original Cost Method）计量。原始资本成本法的不足是将历年投资直接进行累计，对通货膨胀因素考虑不足，从而导致测算的管制价格、调整价格水平偏低。

6.1.2 最高限价管制模型

英国的最高限价管制采用 RPI-X 模型，其形式为：

$$P_{t+1} = P_t(1 + \mathrm{RPI} - \mathrm{X}) \tag{6-3}$$

式中：P_t、P_{t+1}——企业产品本期和下期的管制价格；

RPI——零售价格指数（Retail Price Index），即通货膨胀率；

X——在一定时期内被管制企业所在行业的生产效率增长率，其由政府管制部门确定。

RPI-X 模型不仅适用于单一产品（或服务），也适用于多种产品（或服务）的价格管制和调价管理。根据这一模型，企业产品的调价幅度取决于 RPI 和 X 的相对值，如 RPI-X 为负数，则企业必须降价，其幅度为 RPI-X 的绝对值。

6.1.3 两种价格调整模型的比较分析

（1）投资回报率模型的初衷是鼓励企业在自然垄断行业投资，其存在的缺陷主要表现为：

①在一定时期内按照固定的投资回报率定价，使企业缺乏努力提高生产效率、不断降低成本的激励。

②由于投资回报率基数是企业投入的资本，在投资回报率一定的情况下，企业会产生尽可能扩大投资基数的激励，以期获得较多的绝对利润。因此投资回报率管制往往导致企业过度投资，从而导致生产成本增加，生产效率降低。经济学将这一现象称为“A-J（Averch-Johnson）效应”。

③正确计量投资回报率基数的实际操作难度较大。

（2）最高限价模型试图通过直接控制价格而避免投资回报率模型的不足，其优点是：

①在一定时期内控制价格调整的幅度，能够刺激企业努力提高生产效率、不断降低成本，因为在价格调整的间隔期内，企业可以通过降低成本获得超过管制利润率的超额利润，而这种超额利润可通过下次价格调整来消除。

②价格管制促使企业优化生产要素配置，但不致出现投资回报率管制下的过

度投资现象。

③模型应用相对简便。模型不需要详细评估企业的固定资产、生产能力、技术革新、销售额等数据的变化情况，不必每年调整价格，也不直接控制企业的利润率。

最高限价模型在应用中需要注意的问题是调价周期的确定。价格调整越频繁，越接近价格调整期，企业越可能抑制投资或实施消极性战略行为使生产效率蒙受损失。

综上所述，投资回报率管制和最高限价管制分别表现为对企业利润率和价格的管制。不同之处是，投资回报率管制下，社会是企业成本变化的承受者，即消费者只有在企业降低成本时才能获得利益，而企业却没有降低成本的激励，因为企业只有通过提高投资回报率水平和扩大投资基数才能获得更多的利润。在最高限价管制下，企业是其成本变化的承受者，因为最高限价的制约，企业只有通过降低成本才能获得更多的利润。

6.2 部分公共服务行业价格调整机制借鉴

6.2.1 公共交通价格调整机制

1)伦敦、新加坡、香港公共交通价格调整机制

英国在公共交通、电力、电信、城市供水等行业的价格调整管制中均采用最高限价 RPI-X 模型。新加坡和香港的公共交通价格调整也采用 RPI-X 模型。以下分别介绍伦敦、新加坡、香港公共交通的调价公式及其应用。

(1)伦敦。伦敦的公共交通调价公式为

$$\Delta P = \mathrm{RPI} + \mathrm{X} \tag{6-4}$$

式中：ΔP——票价调整系数；

RPI——零售价格指数，由统计部门发布，并每月更新；

X——政府确定的某一百分比，其在理论上为生产效率增长率的负值。

需要指出的是，调价公式只是公共交通价格调整的参考，并不能完全决定最终的调价结果。价格调整的具体幅度还会考虑各种公共交通方式、各运营企业的经营情况，调价对不同收入民众出行和城市出行结构的影响。因此，各种公共交通方式的调价幅度也不完全一致，例如，2007 年伦敦市地铁的调价幅度为 $RPI + 1\%$，而公共汽车的调价幅度为 $RPI + 3.85\%$。

(2)新加坡。新加坡的公共交通调价公式为

$$价格调整上限 = 0.5 \times CPI + 0.5 \times WI - X \tag{6-5}$$

新加坡的调价公式将零售价格指数分解为人力成本 WI 和与 CPI 直接相关的燃料及其他成本两部分,后者采用 CPI 度量。X 的取值由政府确定,通常设定为 1.5% 左右。

(3)香港。香港的公共交通调价公式为:

$$可依据的票价调整幅度 = 0.5 \times 运输行业工资指数变动 + 0.5 \times 综合消费物价指数变动 - 0.5 \times 生产力增幅$$

香港的调价公式也将零售价格指数分解为运输行业人力成本和与综合物价水平相关的其他成本两部分。X 的取值由政府确定,2016 年为 0.1%。除上述调价公式计算结果外,政府在调整公共交通价格时还会考虑自上次调整票价以来企业经营成本和收益的变动、对企业未来成本、收益和回报的预测、企业需要得到合理的回报率、市民的接受程度和负担能力、企业的服务质量等因素。

2)北京市公共交通调价机制

2014 年,北京市为提高公共交通定价政策的透明度,增强行业发展活力和可持续发展能力,参照国内外票价管理经验,出台了《北京市城市公共电汽车和轨道交通价格动态调整办法》,建立了公共交通价格动态调整机制。

根据《北京市城市公共电汽车和轨道交通价格动态调整办法》,城市公共电汽车和轨道交通价格调整公式为:

$$P_n = P_{n-1} \times K \tag{6-6}$$

$$K = a \times CPI_{n-1} + b \times E_{n-1} + c \times L_{n-1} \tag{6-7}$$

式中:P_n——第 n 年城市公共电汽车或轨道交通调整后的平均票价;

P_{n-1}——第 $n-1$ 年城市公共电汽车或轨道交通实际平均票价;

K——调价系数;$K \leq I_{n-1} / I_{n-2}$,I_{n-1}、I_{n-2} 分别为北京市统计局公布的第 $n-1$、$n-2$ 年全市人均可支配收入;

a——扣除人工费用、动力费用以外的其他费用在公共交通企业运营成本构成中所占的比例,取值为 30%;

b——动力费用在公共交通企业运营成本构成中所占的比例,取值为 20%;

c——人工费用在公共交通企业运营成本构成中所占的比例,取值为 50%;

CPI_{n-1}——市统计局公布的第 $n-1$ 年居民消费价格指数;

E_{n-1}——城市公共电汽车指第 $n-1$ 年 0 号柴油年均价格与第 $n-2$ 年 0 号柴油年均价格的百分比;城市轨道交通指第 $n-1$ 年城市轨道交通年均

电价与第 $n-2$ 年城市轨道交通年均电价的百分比；

L_{n-1}——北京市统计局公布的第 $n-1$ 年交通运输、仓储和邮政业城镇单位在岗职工平均工资与第 $n-2$ 年交通运输、仓储和邮政业城镇单位在岗职工平均工资的百分比。

当平均价格调整幅度大于或等于 0.1 元时，启动年度调价。未达到上述启动条件时，当年不做调整，纳入下一周期累计。

当公共交通价格调整达到启动条件后，由公共交通运营企业提出价格调整具体意见和价格调整方案，经发展改革、交通、财政管理部门委托第三方机构评审、听取相关方面意见，并报北京市政府同意后，对外公布实施。

以 5 年为 1 个周期，由发展改革、交通、财政管理部门对公共交通价格及调价公式进行评估。如需调整，经价格听证会听证，并报请市委、市政府批准后对外公布实施。

6.2.2 其他城市公用事业价格调整机制

以英国为代表的西方发达国家在除公共交通之外的其他城市公用事业调价管理中也广泛运用 RPI-X 模型，但模型的具体形式和参数则会依据不同行业的特点而有所区别。

例如，英国电力行业的调价模型形式为 RPI $-X+Y$，其中，Y 为成本转移项，按照下式分解计算：

$$Y=T+U+E+F \tag{6-8}$$

式中：T——输电成本价格；

U——配电成本价格；

E——电力采购成本；

F——矿物燃料税。

T 和 U 分别根据不同的价格调整模型确定，鉴于不同地区配电基础设施状况差异很大，配电成本调价模型中的 X 取值范围为 RPI -0 ~ RPI $+2.5\%$，需要补偿投资额越大的地区，其调价模型中的 X 取值越小。

再如，英国城市供水行业的调价模型形式为 RPI $+K$，其中，K 为成本转移项，按照下式分解计算：

$$K=-P_0-X+Q+V+S \tag{6-9}$$

式中：P_0——上次价格调整至此次价格调整期间企业生产效率的提高幅度；

X——此次价格调整至下次价格调整期间企业应取得的生产效率增长率；

Q——企业为达到欧盟和英国政府所规定的饮用水质量标准而进行投资所发生的转移成本；

V——企业提高自来水供应稳定性而发生的成本；

S——企业改进服务水平而发生的成本。

由于不同地区的供水设施状况、水质和水污染情况都有较大差别，英国分别为每个供水和污水处理企业规定了不同的 K 值，兼营城市供水和污水处理的企业的 K 值一般高于单纯经营城市供水的企业。

在上述两个实例中，英国政府管理部门分别根据电力、供水行业特点，将成本分解为构成成本的不同子项，并根据地区和企业的具体情况为其确定调价模型参数的具体取值。此外，调价公式也充分考虑到对企业提高产品质量、服务水平所做的补偿。

6.3 高速公路收费费率动态调整机制设想

6.3.1 高速公路收费费率动态调整模型的选择

本章第一节对比了两种主要的价格调整模型，分析表明最高限价模型在促进企业提高效率和控制成本方面的效果优于投资回报率模型。目前，国内公共服务行业基本上为成本加成定价，现已制定的调价机制在方法上属于投资回报率的范畴。尽管最高限价模型的管理方式和管理效果优于国内现有调价机制，但本章基于对我国高速公路管理模式和运营管理特征的分析，认为目前在高速公路调价机制中应用最高限价模型尚不成熟，其理由分述如下：

(1)采用最高限价模型将增加高速公路企业投资的不确定性。最高限价模型尽管可以防止企业的过度投资和“A-J 效应”，但其代价是在一定程度上降低企业的投资激励，价格调整周期越短或越接近价格调整期时，企业的投资动力越小且投资规模越不稳定。目前，我国交通运输仍处于基础设施发展、服务水平提高和转型发展的黄金时期，采用投资回报率类模型更利于稳定高速公路投资规模，合理保障全局性战略性重大基础设施项目资金需求，加快补齐基础设施短板。

(2)在最高限价模型下，如果未能形成有效实用的高速公路成本管理和服务评价方法，高速公路企业可能会选择以降低养护管理水平为代价换取企业利润，从而导致高速公路服务水平和保障能力的降低，以及安全隐患增加。

(3)不同区域、不同高速公路项目在管理特点、成本构成、费用水平、交通流量等方面差异较大，加之行业管理部门与企业间信息不对称程度较高，都将导致管理

部门比较难于为一定时期内的最高限价模型，确定相对合理的 X 值。

(4)最高限价模型不能完全适应目前我国高速公路行业的市场结构和制度环境。西方国家采用最高限价模型的制度基础是，在具有自然垄断特征的行业内有效引入竞争机制（这一过程往往伴随一定程度的产权私有化改革）。目前，我国高速公路主要由国有企业运营管理，对一定区域而言，高速公路行业的市场结构基本为垄断或寡头垄断，缺乏形成有效竞争的市场环境，而且国有高速公路企业对其利润分配也并不享有全部剩余索取权。

综上所述，本章认为近期内我国高速公路调价机制仍宜采用投资回报率类模型。

6.3.2 高速公路收费费率动态调整的主要影响因素

在投资回报率模型下，确定高速公路收费费率动态调整机制的基础是高速公路成本结构分析和成本分解。

根据交通运输部统计数据，2018 年度全国高速公路（含高速公路桥梁、隧道）的支出总额为 9342.3 亿元，其中，还本付息支出 7424.0 亿元（还本 4882.7 亿元，付息 2541.3 亿元），养护支出 547.4 亿元，附属设施改建支出 64.2 亿元，公路改建工程支出 121.7 亿元，运营管理支出 676.9 亿元，服务设施经营支出 121.7 亿元，广告业务经营支出 2.1 亿元，税金支出 320.8 亿元，行政事业性规费支出 43.6 亿元，其他费用支出 40.5 亿元。若不考虑公路及附属设施改扩建工程支出，以及分别与服务设施经营收入、广告经营收入对应的服务设施经营支出和广告业务经营支出，则高速公路养护运营管理支出总额为 9053.3 亿元，各项支出占比见表 6-1。

全国高速公路支出结构分析(2018 年)　　表 6-1

支出分项	支出额（亿元）	占比(%)	
		支出结构	成本结构
还本支出	4882.7	53.9	—
付息支出	2541.3	28.1	60.9
养护支出	547.4	6.0	13.1
运营管理支出	676.9	7.5	16.2
税金支出	320.8	3.5	7.7
行政事业性规费支出	43.6	0.5	1.0
其他费用支出	40.5	0.4	1.0
合计	9053.3	100.0	100.0

从表6-1可以看出,在支出统计口径下,还本支出、付息支出、养护支出、运营管理支出、税金支出、行政事业性规费支出、其他费用支出的占比分别为53.9%、28.1%、6.0%、7.5%、3.5%、0.5%、0.4%;在成本统计口径下,付息、养护、运营管理、税金、行政事业性规费、其他费用的占比分别为60.9%、13.1%、16.2%、7.7%、1.0%、1.0%,付息、养护、运营管理三项合计占总成本的90.3%。在上述三项费用中,付息额取决于债务资金总额和融资成本(利息率),由于债务资金总额在短期内的变化相对较小,付息额的变化主要取决于利息率的变化。养护和运营管理费由人员、设施、设备、材料和相关业务费用组成,其中,除人员费用之外的各项费用范畴较为广泛,其变化基本可以由物价指数体现,人员费用的变化则直接体现在工资和人工成本的变化。

综上,本章认为,高速公路收费费率动态调整的主要影响因素分别为财务费用(付息额)、人工费用和扣除财务费用、人工费用外的其他费用,其变化率可分别由高速公路债务资金平均融资成本、交通运输业在岗职工平均工资、商品零售价格指数的变化率来度量。

6.3.3 高速公路收费费率动态调整公式框架、评估管理机制及相关建议

1)调价公式框架

依据前述高速公路收费费率调整影响因素及其度量指标,并借鉴国内外公共服务行业价格调整模式,提出高速公路收费费率动态调整公式框架如下:

$$\begin{cases} P_n = P_{n-1} \times K \\ K = a \times \mathrm{PI}_{n-1} + b \times \dfrac{L_{n-1}}{L_{n-2}} + c \times \dfrac{R_{n-1}}{R_{n-2}} \\ K \leqslant \dfrac{I_{n-1}}{I_{n-2}} \end{cases} \tag{6-10}$$

式中:P_n——第 n 年高速公路路网基准费率;

P_{n-1}——第 $n-1$ 年高速公路路网基准费率;

K——价格调整系数;

a——除人员费用、财务费用外的各项费用在路网平均总成本中所占的比重;

PI_{n-1}——省级统计部门公布的第 $n-1$ 年路网区域(省或省内地区)商品零售价格指数;

b——人员费用在路网平均总成本中所占的比重;

L_{n-i}——省级统计部门公布的第 $n-i$ 年交通运输、仓储和邮政业城镇单位在岗职工平均工资;

c——财务费用在路网平均总成本中所占的比重;

R_{n-i}——第 $n-i$ 年路网高速公路的加权债务利息水平;

I_{n-i}——第 $n-i$ 年路网所在区域(省或省内地区)的城镇、农村居民加权人均可支配收入。

I_{n-i} = 第 $n-i$ 年区域城镇人口比重 × 第 $n-i$ 年城镇居民人均可支配收入 + 第 $n-i$ 年区域农村人口比重 × 第 $n-i$ 年农村居民人均纯收入

2)对价格调整评估管理机制的设想

(1)调价启动条件。当高速公路基准费率中基准车型(一类车)费率调整幅度大于0.05元/(车·km)时,启动年度调价。如未达到上述启动条件,当年高速公路基准费率不做调整,纳入下一周期累计测算。

(2)基准价格和调价规则的周期性审核。

以5年为周期,由省级价格、交通运输、财政管理部门对高速公路基准价格及调价公式进行周期性评估。如需调整,经价格听证会听证后,报省级政府批准后对外公布实施。

鉴于平均成本定价容易导致高速公路运营企业缺乏降低成本的正向激励,高速公路基准价格的审核周期定为5年,在每一审核周期内,鼓励运营企业在达到养护管理水平考核要求的情况下,通过管理和科技创新节约成本,节约成本获得利润归属运营企业所有。

3)价格调整机制实施中需要注意的问题

(1)合理确定基期的收费费率水平。以上提出的价格调整公式框架调节的是高速公路收费费率上升(或下降)的幅度,其实施的前提是合理确定费率调整基期的收费费率水平。鉴于目前部分高速公路收费费率与其成本和经营状况严重背离,有必要在制定收费费率动态调整机制前,在综合分析收费收入、使用者效益、养护运营成本、财务可持续性等因素的基础上,合理确定路网所在区域(省或省内地区)的高速公路收费费率基价。

(2)加强完善对高速公路企业的成本管理和审核。结合《高速公路运营养护预算编制办法》的制定与实施,进一步规范高速公路企业的预算编制、会计科目构成、费用归集，逐步建立高速公路的成本监审制度，对可量化的成本指标实行定额管理，既合理控制高速公路企业的成本构成和规模，提高资金使用效益，又能保障必要的高速公路养护管理投入，避免由于过度强调节约成本造成高速公路养护、管理、服务、安全保障水平的降低。

参考文献

[1] 关宏志. 非集计模型:交通行为分析的工具[M]. 北京:人民交通出版社,2004.

[2] 邵春福. 交通规划原理[M]. 北京:中国铁道出版社,2004.

[3] 刘灿齐. 现代交通规划学[M]. 北京:人民交通出版社,2001.

[4] 严作人,杜豫川,张戎. 运输经济学[M]. 2 版. 北京:人民交通出版社,2013.

[5] 交通运输部公路科学研究所. 高速公路收费标准定价及动态调整机制研究[R]. 北京:交通运输部公路科学研究所,2019.

[6] 交通运输部公路科学研究所. 收费公路差别定价方法与策略研究[R]. 北京:交通运输部公路科学研究所,2015.

[7] 交通运输部公路科学研究所. 福建省高速公路收费费率研究[R]. 北京:交通运输部公路科学研究所,2013.

[8] 交通运输部公路科学研究所. 江西省高速公路收费费率研究[R]. 北京:交通运输部公路科学研究所,2020.

[9] 交通运输部公路科学研究所. 广东省高速公路差异化收费方案[R]. 北京:交通运输部公路科学研究所,2019.

[10] 交通运输部公路科学研究所. 广东省高速公路差异化收费研究报告[R]. 北京:交通运输部公路科学研究所,2021.

[11] 王炜. 公路交通流车速-流量实用关系模型[J]. 东南大学学报(自然科学版),2003,33(4):5.

[12] Patrick S McCarthy. Transportation Economics Theory and Practice A Case Study Approach[M]. BLACKWELL Publishers.

[13] Huang H J, Li Z C. A multiclass, multicriteria logit-based traffic equilibrium assignment model under ATIS[J]. European Journal of Operational Research, 2007,176(3):1464-1477.